知的生きかた文庫

ブッダと始める
人生が全部うまくいく話

川辺秀美

三笠書房

はじめに

「ブッダの話」は人生最高の実用書。だから「うまくいく」のです!

◎「困ったことが起きたらどうすればいい?」が、すぐわかります

この本のタイトルを見て、「えっ、本当に?」と疑問に思った方も多いでしょう。

それでも、この本を手にとってくれたのは、「ブッダの話」であれば、そのような〝夢物語〟も可能かもしれないと思われたからではないでしょうか。

そのあなたの**期待を裏切らない本に仕上がっている**と、私は思っています。

この本では「ブッダの話」をもとに、「ブッダの生涯・考え方」にふれ、「**人生全般の問題を解決する方法**」を解説しました。

もちろん、本書を読んだからといって、今日から「嫌なこと」がまったく起きなく

なるわけではありませんし、「苦しいこと」がなくなるわけでもありません。

私たちは、それぞれに悩みを抱えて生きています。それは仕事のことだったり、お金のことだったり、家庭のことだったり、健康のことだったりします。残念ながら、それらの悩み全部を一気に解決できる魔法はありません。

ただ、**それでも人生はうまくいく**のです。

「嫌なこと」や「苦しいこと」が起きても、それに対処する心構えを身につけることができるからです。あなたが「嫌なこと」や「苦しいこと」を放置したり、逃げたりしていては、結局、不幸になってしまいます。

その**心構えを教えてくれるのが「ブッダの話」**なのです。

「嫌なこと」や「苦しいこと」をきちんと受け止めるには、どうすればいいのか？

ブッダは、そんなごく基本的で大切なことから説いています。「ブッダの話」とは、このように誰もが実践できる、やさしいものなのです。

本書では、星の数ほどもあるブッダの説話やお経の中から、**「実生活にすぐに役立つ話」を厳選**しました。

ブッダの説話やお経は、ほとんどのものが日本語に訳されています。ただ、その現代語訳を読んでもわかりづらいので、本書では前後の話を補足しながら、「ブッダの話」としてまとめました。

また、本書で取り上げた「ブッダの話」は、ブッダが直接語ったものから、ブッダの死後、弟子たちによって編纂《へんさん》されたものまでいろいろあります。内容的にも、非常に有名な話から、今までほとんど紹介されたことがない話まで多岐にわたっています。

本書を執筆するにあたって、私は二つの基準から「ブッダの話」を選びました。

それは、今の日本人にとって**「すぐわかる」「すぐ役立つ」という基準**です。

本書では、それらの話を、私たちの生活にまつわるテーマごとに、以下のように、わかりやすく紹介しました。

◆今日、あなたに「いい結果」が出る話◆これからの人生「困ったこと」がなくなる話◆読むだけで「気持ちがラクになる」話◆人間関係・仕事関係「全部うまくいく」話◆「評価される人」「信頼される人」になれる話◆今すぐ「身・心」がスッキリする話◆「いい生き方」が自然とできる話

仕事、心、健康、人間関係などなど、今の日本人の生活全般にまつわるテーマを網《もう》羅《ら》したつもりです。本書が、あなたの問題を解決することを願ってやみません。

◎「苦を超える法」を見つけた！——それが「ブッダのすごさ」です

さて、本文に入る前に、この本の主人公であるブッダという人が、「どのような人生を歩み、どういう人だったのか」について簡単に紹介しておきましょう。と言いますのも、ブッダのことを少しでも知っていたほうが、この本の内容を早く、深く理解することができるからです。

ブッダは北インド、ネパール国境近くにある「釈迦国《しゃかこく》」の王子として生まれました。何一つ不自由しなかったのですが、宮殿生活に満足することができず、やがて「欲望」を超えるものを探すようになりました。ある日、ブッダは、宮殿の「東西南北」の門に、「生老病死《しょうろうびょうし》」という人生の問題を目の当たりにします。簡単に言えば、人間の生とは「苦」に満ちているということです。

そして、**ブッダは、この「苦」を超えるものを探しに宮殿を出ていきます**。これが「出家」です。

ブッダは出家後、宗教家、王様、貴族、商人、名も無き人など、さまざまな人々と交流し、仏教という教えを形づくっていきました。そして、詳しくは本文で紹介しますが「苦」を超えるものを見つけて――「悟り」を得て――その教えをインド各地に広めていきました。

ブッダの教えは、「苦」が基本となっているため、堅苦しいとか息が詰まるというイメージを持たれている人は多いかと思います。また、仏教は厳しい教えであり、実践することが難しいと一般的には思われています。

しかし、ブッダが本来説いた教えはじつに単純なものです。

本書で、私はそのことを伝えたいと思います。

そして、ブッダは、どんな境遇のどんな立場の人でも実践できる教えを遺しています。

厳しくもやさしいブッダ。自由で親しみやすいブッダ。そんな「ブッダの世界」をみなさんへお届けいたします。

川辺秀美

『ブッダと始める　人生が全部うまくいく話』　もくじ

1章　今日、あなたに「いい結果」が出る話

2章 これからの人生「困ったこと」がなくなる話

3章　読むだけで「気持ちがラクになる」話

4章

人間関係・仕事関係「全部うまくいく」話

5章 「評価される人」「信頼される人」になれる話

6章 今すぐ「身・心」がスッキリする話

7章 「いい生き方」が自然とできる話

▼図版

1章

今日、あなたに「いい結果」が出る話

第1話

「心を整える」話——

心の乱れは、じつは「足元の乱れ」

「ここに悩みはない」
資産家の子ヤサは、そう言って喜んだ。
そして、黄金のサンダルを脱いで、
ゴータマ・ブッダに敬礼し、
部屋の片隅に座った。

↓たとえば「履物《はきもの》をそろえる威力」を体感しよう

今日から「足が地についた」生き方ができます

ブッダは悟りを開いた後に、一般の信者（在家《ざいけ》）に説法《せっぽう》をしていました。これは、その時のお話です。

ヤサは資産家の子で、恵まれた環境で生活していました。しかし、心は満たされていなかったようです。そのことが冒頭の言葉「ここに悩みはない」という言葉からわかります。

ヤサは黄金のサンダルを履《は》いていました。ブッダが巡り歩いていた北インドは雨季と乾季がはっきりしていて、雨季には雨で水浸しになり、歩くことさえ困難になります。

そのような環境にもかかわらず、ヤサは立派なサンダルを履いていました。さらにそれが黄金だということは、ヤサがいかに豊かだったかを表していますし、また同時に**「足元の重要性」**を示しているのです。

古来インドから現代に至るまで、仏教では「足元の重要性」が意識されてきました。

また、「黄金」という表現には、ブッダの肌が黄金色だったという逸話も思い起こされます。

中国を経て日本に仏教が伝わると、足元の重要性はさらに増して、「看脚下《かんきゃっか》」「脚下照顧《きゃっかしょうこ》」という深みのある言葉へと変っていきました。

これらの言葉は禅語として現代にも息づいております。それぞれの意味を私なりに説明しましょう。

「自分の足元をみれば、その心が表れている」

「足元の乱れは、心の乱れである」

「黄金のサンダル」は**足元から私たちを照らし**、「地に足のついた生き方をせよ」とブッダから語りかけられているかのようです。

読者のみなさんも、ぜひご自身の足元を見てください。

そこにはあなたの現在の姿が表れているはずです。

まずは、玄関を上がる時に、必ず履物をそろえる。そんなちょっとしたことから始めてみましょう。それだけで、**意外に心が整う**ものなのです。

今、あなたの履物はキレイに整っていますか？

第2話

仕事で「結果を出す」話——

ブッダの信者に「成功する商人」がなぜ多い？

タプッサとバッリカの二人の商人に、
神はこのように告げた。
「ブッダを訪ねてみなさい。
そして、ブッダに麦菓子と
蜜団子をさしあげなさい。
そうすれば、長いあいだ、
ご利益《りやく》と安楽がもたらされるでしょう」

↓

「感謝の気持ち」が自然と磨かれます

お守りは「ブッダへのお布施」

仏教というと、商売とあまり関係がないというイメージがあるかもしれません。たしかに出家者には経済活動を認めていません。しかし、ブッダを庇護していた人々には商人が多いのです。その記述は頻繁に仏典の中で見られます。このエピソードもそんなお話の一つです。

タプッサとバッリカは、おそらく商人として大成功していた人たちです。

古代インドでは財産を持っている人々が、衣食住の費用を布施し、「道の人」をバックアップしていました。「道の人」とは、ひたすら真理を追求する修行者のことです。彼らは社会の宝であると考えられていました。

布施とは「**他人に対して慈しみをあたえる行為**」のことです。ですから、その時にほどこせるものであればどんなものでもかまわないのです。通常はお金や食糧ですが、法施《ほっせ》といって「物事の真理を他人に対して伝える」ことでもいいのです。

お布施で一番勝れているのは法施だと言われていますので、読者のみなさんも困っている方が周りにいる時は、法施によって導いてあげてください。

タプッサとバッリカは、「神の言葉」にしたがって、ブッダに布施をしました。その後、二人は**長く繁栄し続けました**。これを「布施の功徳《くどく》」と言います。

さて、この布施の功徳ですが、日常生活の中で一番簡単に実践できる方法を提案させていただきたいと思います。法施をするのが良いことはわかっていますが、これはまかり間違うと「余計なおせっかい」になりかねません。

では、そのほかにどんな簡単な方法があるのでしょうか？

お寺でお守りを買って、定期的に新しくしましょう。そうすれば、必然的にお寺に行って拝むことになりますし、お布施も一年に一度きりではなくなります。この方法はお布施を継続的に行なえる点がすぐれています。ちなみに、私は二カ月に一度くらいのペースでお守りを買い替えています。

簡単な方法ですが、気分も切り替わり、**感謝の気持ちや新しいパワーが湧いてきます**。おまけに、確実に仕事運がＵＰしますよ。

第3話 神様が味方になる話——

まずは「畏敬の念」を持とう

ブッダは
生まれてすぐに
地上を七歩歩いた。
それぞれの方角を見据《す》えて指を立てた。
そして、大きな笑い声をたてた。

↓「手を合わせる」習慣！

「うまくいった」時、ブッダがそばにいます

これは有名な「天上天下唯我独尊《てんじょうてんげゆいがどくそん》」のお話を、古代インドの言葉・パーリ語のお経から訳したものです。

説法などでよく言われているのが、ブッダは生まれてから七歩歩いて天に指を指し、「天上天下唯我独尊」と言ったというお話です。日本で紹介されているお経（仏典）は、ほとんどが中国から渡ってきたものなので、中国思想がミックスされて表現が過剰になっていることがままあります。「天上天下唯我独尊」もそのような例の一つです。

このパーリ語からの訳では言葉を発したのではなく、「笑った」ことになっています。じつにリアリティが感じられます。

生まれたての赤ちゃんがいきなり歩くことはないと思います。しかし、神々の力や霊的なパワーによって動かされ、その後に笑ったというのであれば、本当にあったのかもしれないと思えてきます。

ブッダは**生まれた瞬間から「神の手」というものを感じていました**。なぜなら「神

の手」によって七歩歩かされたからです。

きっとこのような原体験があったから、ブッダは真理を求道していったのでしょう。私たちもブッダのように「見えない」力を感じる時があります。それは「神の手」によるものとしか思えない**絶妙なタイミングでものごとが成就された**経験を持つ方ならわかることでしょう。

さて、もしあなたがそのような「神の手」を借りたければ、仏壇や遺影に対して「手を合わせる」ことです。「神の手」は、あなたに**偶然や幸運を運んでくれる**でしょう。

合掌礼拝というのは仏教の基本的な祈り方ですが、これはブッダがつねに意識して実行していたことです。

ブッダはつねに過去の仏、現在の仏、未来の仏といったものに畏敬《いけい》の念を持って祈っていました。ですから、私たちも、まず過去の仏である祖先に手を合わせてお祈りするよう心がけてみましょう。その時「神の手」によって幸運を感じる瞬間があるかもしれません。

第4話

心を浄化する話

「ありのままの自分」が意外にいい

この教えは、悪を遠ざけるわけでもなく、
欲望から離れるわけでもなく、
苦しみがなくなるわけでもなく、
平安をもたらすわけでもない。
「いかなるものも存在しない」
という境地に至るだけであった。
そこで私は、この教えを尊重せず、
その場から去って行った。

↓
「理想のあなた」から「今のあなた」を見ると？

「人の心がわかる」人生修行

「いかなるものも存在しない」境地とは、仏教では「無所有処《むしょうしょ》」と言います。この境地は、悟りを開くまでのいくつかのステージとして通るべき道です。しかし、この段階で修行が完成されるわけではありません。

座禅をして集中力を高めていくと、周囲と自身の身体との境がなくなり、やがて「何もない」という感覚を味わうことがありますが、そういった境地のことを指しているのでしょう。

ブッダは出家して間もなくアラーラ・カーラーマという人物のもとで修行を重ね、「無所有処」の境地に至りました。しかしこれに満足することはありませんでした。

アラーラ・カーラーマからは「ともに教団を運営し発展させていこう」と声をかけられますが、ブッダはきっぱりと断り、彼のもとを去りました。なぜなら、ブッダは**仏からのメッセージ**を受け取っていたからです。

仏教では「清《きよ》らかな心」とか「浄《きよ》らかな心」といった表現をすることが多いのです

が、これは善行をなす心のことを指すわけではなく、心が「ありのまま」の状態にあることを指します。

私たちは、日常生活の中で忙殺される時、心が「浄らか」ではありません。会社の論理で考えたり、経済活動を優先させる中で、勝手な思い込みで心がいっぱいになっているからです。

ブッダは、悟りに至る道の途中で安住するという考えがありませんでした。それは常に心が「ありのまま」で、精神の高みに登ろうとする積極的な心があったからです。**なぜブッダがこのような強い心を保てていたのか**と言いますと、仏という「内なる声」に導かれていたからでしょう。

私たちも、今に安住せず、「ありのまま」の状態を目指しましょう。

そのためには、**自身の内なる声を意識してみる**ことです。すると、より高いステージへの志を持つことができます。

自分の利益から離れて、他者や社会という、より高次なものへも関心が向かっていくのが実感できると思います。

ブッダの人生を変えた11人の男女

□…男性
◯…女性

母 **マーヤ**
ブッダを出産した後、
七日目に他界。

梵天
生涯を通じてブッダ
を導いた最高神。

教えを広めるよう説得

妻 **ヤショーダラー**
ブッダの従妹にして妻。

子 **ラーフラ**
ブッダ最愛の一人息子。

コンダンニャ
苦行仲間、後に弟子になる
悟りを開いたブッダが、
最初に説法をした人物。

裏切る
デーヴァダッタ
ブッダを妬んで敵対し、
教団を破壊した。

ブッダの「人間関係」がわかる!

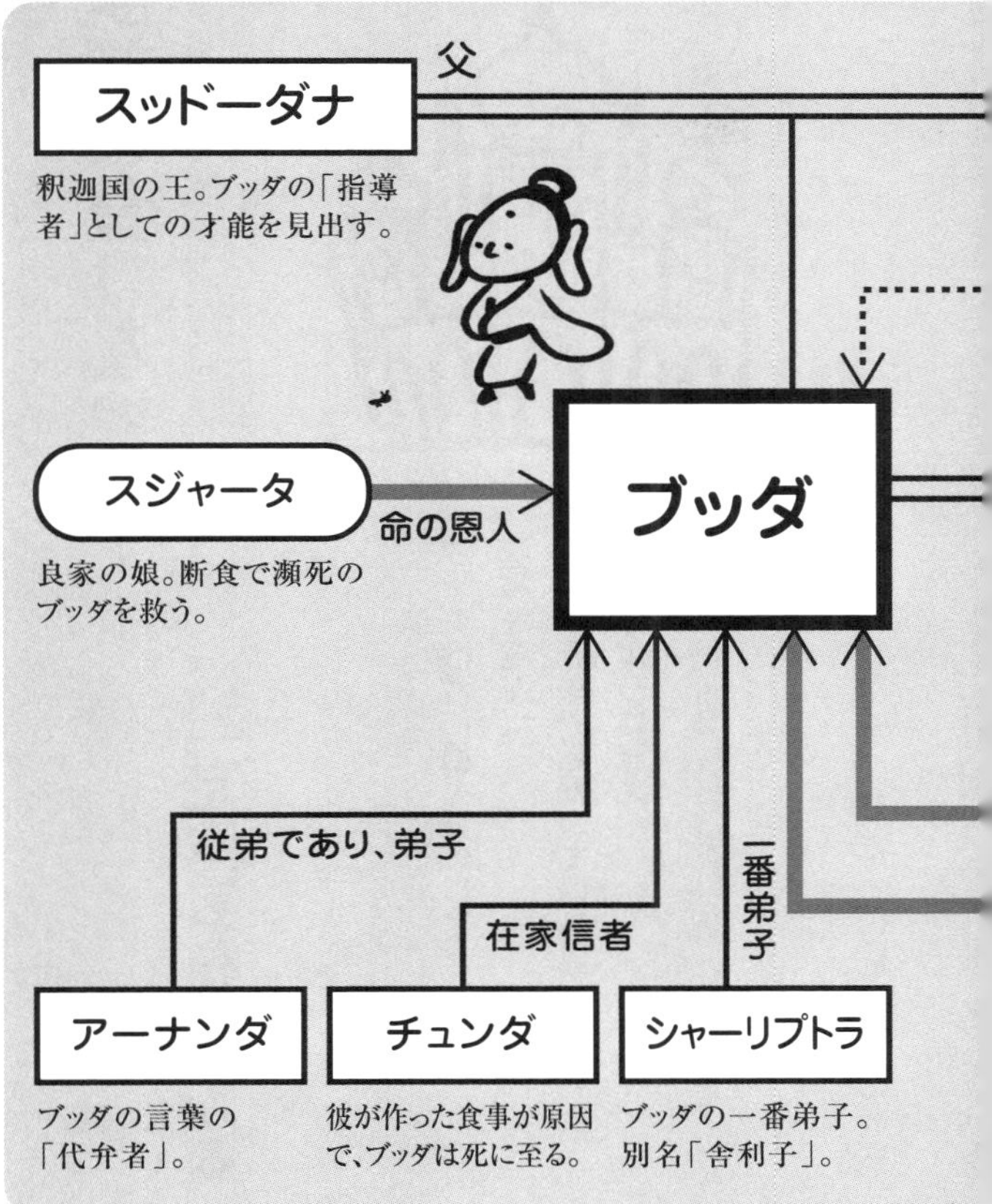
父
スッドーダナ
釈迦国の王。ブッダの「指導者」としての才能を見出す。
スジャータ
命の恩人
良家の娘。断食で瀕死のブッダを救う。
ブッダ
従弟であり、弟子
在家信者
一番弟子
アーナンダ
チュンダ
シャーリプトラ
ブッダの言葉の「代弁者」。
彼が作った食事が原因で、ブッダは死に至る。
ブッダの一番弟子。別名「舎利子」。

第5話

欲望に負けない話——「足る」を知ってみる

ブッダは夜に目を覚まして、
座禅を組んだ。
宮殿は死骸《しがい》が転がっている
墓場のように見えた。

↓時に「自分の最期」に思いをはせる

「求めないと、意外に満たされる」を試してみよう

ブッダがまだ若かったころのこと。ブッダは釈迦《しゃか》族の王子としてきらびやかな宮殿生活を送っていました。このお話はその生活での一幕です。

ある夜の宴で大勢の美女たちが歌い踊っていました。しかし、宴が終わった後、宮殿の様子はまるで生きる屍《しかばね》のようだ、とブッダの目に映りました。

娯楽によって人間の心は一時的に満たされます。しかし、時が過ぎるとあっという間にむなしくなり、その心は「墓場」のようになってしまいます。

ブッダは幼少のころから、一人佇《たたず》むということを好んでいたようです。それは「この世」という外面的な世界にとらわれず、「心」という内奥を探求していたからでしょう。ブッダは宮殿生活の中で何一つ満足できず、心が晴れない状況が続きました。人間の欲望というものは際限がありません。求めても求めても満たされないものです。

ブッダは大勢の美女に囲まれながら、ドンチャン騒ぎが続く中で、**真理を見出した**のでした。

欲望とは屍（死骸）である――。

仏教で欲望を否定するのは、それが真理だからです。一時的な楽しみはかえって私たちの心を混乱させ、むなしくするものなのです。

ブッダの悟りは、現代に生きる私たちもすぐに体験できます。その一つを簡単にご紹介したいと思います。

仏教の実践法で「死を想う」というものがあります。これはとくに色欲から脱却する法として使われます。

たとえば、あなたがブッダとは違って「異性に惚れっぽい」方だと仮定しましょう。そのような方には**とても効果的なイメージ法**です。

街中でモデルのようにすらっとした美男美女を見かけたとします。あなたの心臓は高鳴るでしょう。その時にこのようなイメージで見るのです。

「あの美しい人も、やがては年老いていき、屍となるのだ。あの人はガイコツそのものである」

一皮むいたらどんなに美しい人もガイコツである――あなたの心のトキメキも、一瞬にして萎えるのではないでしょうか。

第6話 運がよくなる話——あなたの「パワースポット」が見つかる！

私の父が王としての政務を
行なっていた時のこと。
私は畦道《あぜみち》の木陰に座って
欲望を離れ、
瞑想を楽しんでいた。
これが悟りにいたる
道であろうと思って。

↓

「ほっとできる場所」は必ず近所にあります

ブッダと菩提樹——植物の「計り知れないパワー」って？

子どものころからブッダは内省的で、よく木陰に座って瞑想をしていました。ブッダが住んでいた北インドは猛烈に暑いところですので、木陰というのは当時の人々にとって、涼しくて快適な安楽の場所でした。しかし、木陰で瞑想する理由は、快適だということだけではなく、もう一つの理由がありました。

古代インドでは樹木を神様として崇拝していました。そしてその樹木の下に死者を埋葬していました。ですから、樹木とは人々にとってお墓でもあったのです。つまり当時の人々は、樹木の神様と死者（祖先）からパワーをもらって瞑想していたのです。ブッダが悟りを開いたのも菩提樹《ぼだいじゅ》という木の下でした。このように考えると、**樹木には計り知れない不思議な力**があるのでしょう。

さて、ブッダが木陰で休んだように、私たち日本人も**日常生活の中で「ほっ」とできる空間**を見つけたいものです。

私たちにとって、もっとも身近で充電できる場所と言えば、お寺または神社でしょう。これらは近年パワースポットとして注目され、多くの人々が訪れています。

神社・仏閣を訪れると、明らかに空気が変わるのがわかります。このことは訪れた誰もが感じることです。これがパワースポットと言われる所以《ゆえん》なのです。目に見えない力ですが、私たちはたしかにそのパワーを感じています。

また、神社・仏閣のようなパワースポットには似たような特徴があります。その多くは見晴らしの良い場所に建っています。これは古来からの山岳信仰と結びついているのでしょう。

私たちはそんな**「山」にパワーを感じる**のです。私は心が少し疲れたなぁと思った時は、「山」へ向かいます。都会でしたら眺めの良い丘や坂の上などが「山」になります。この行動はブッダが木陰を探して歩いていたことと似ています。

読者のみなさんも時にはパワーを充電しに行きましょう。あなたにとって、ほっとできる場所はどこでしょうか。それは、意外と身近にあるものです。ぜひ探してみて下さい。もしかすると、ブッダと同じように悟りを得られるかもしれません。

第7話

人とうまくいく話――

「徳を積む時間」が短縮！

「宝石のような存在である菩薩《ぼさつ》は、
多くの人々を幸せにするために
人間世界へ生まれました。
私たち神々はとても喜んでいます」
と梵天《ぼんてん》や帝釈天《たいしゃくてん》は言った。

↓梵天・帝釈天……ブッダは「異教の神様」となぜ仲がいい？

「数珠《じゅず》を持つ」功徳を知る

ここで登場する「菩薩」はブッダを指しています。

菩薩とは「悟りを求める人」のことです。さすがのブッダも生まれた時はまだ悟りを得ていませんから、仏（悟りを得た人）ではなく菩薩です。しかし、仏としての道を歩むために生まれてきたということが「宝石のような存在である菩薩」といった表現によって匂わされています。

仏教はとてもユニークな宗教です。ここで登場している梵天や帝釈天は、古代インド宗教の最高神で、本来仏教とは関係のない神々です。しかし、ブッダが生まれた時にその異教の神々が祝福しているのです。この伝統はブッダが亡くなった後も続き、多くの神々が仏教を護るために集ってきました。

このように、ブッダは生まれた時から、梵天や帝釈天という**神々との良縁ができていました**。

この「良縁」は、現代に生きる私たちにとっても、もっとも大切な要素ではないでしょうか。

良縁を引き寄せるために、読者のみなさんはどういったことをしていますか？

古来の方法としては「徳を積む」という実践があります。

しかし、これでは良縁ができるのにあまりにも時間がかかりますし、ブッダのように神々が祝福してくれる状況には死んでも辿《たど》り着けそうにありません。

大乗仏教以降の僧たちは、神々や仏との良縁を結ぶために「法具」をそろえました。

その代表的なものが「数珠」でした。

数珠というと、私たちはお葬式の際にしか身に付けませんが、もともとはお経の数を数える道具として使われていました。それが後に「**身に付けて仏を礼拝することによって功徳が増す**」道具となっていきました。

この数珠ですが『数珠功徳経《じゅずくどくきょう》』などによれば、菩提樹でできたものが一番功徳があり、次に水晶でできたものが良いとされています。**良縁がモノで実現できる**ならば安いものです。みなさんもぜひ数珠を購入して日常使いしてみてください。本格的な数珠よりもブレスレットタイプのもののほうが、いつも身に付けていられるのでおすすめです。

第8話

ツキを呼ぶ話——「トイレの神様」を大事にしよう

あなたの眼に映るものは、
快いものでも、
不快なものでも、
いずれでもないものでも、
すべては、燃えている。

↓さぁ、家の中の「不浄の場所」を掃除しましょう

「悪運」は業火で燃やしてしまう

前述の言葉は「燃える火の教え」と言われるものです。

ブッダは、「私たちが眼にしているものはすべて、欲望や怒り（煩悩）の炎に包まれていて、業火《ごうか》の中で暮らしているようなものだ」と述べています。

仏教の言葉では、人間の認識器官を「眼耳鼻舌身意《げんにびぜっしんい》」と言い、これらを「六根《ろっこん》」と言います。仏教では、人間はこれらの感覚を通して認識するから、真実を見られないのだと考えます。

なぜかと言えば、**「真実」とは肉体を超越した世界にある**からです。

このような考え方は、ブッダ独自のものというよりも、古代インドの宗教に共通する考え方だと言ってもいいかもしれません。しかし、ブッダのすごいところは、その真理をとてもわかりやすい比喩にしたところです。「燃える火」とは当時の伝統的なインドの宗教の象徴でした。伝統的なインドの宗教は、祭儀で「火」を盛んに使っていました。ですから、ブッダはそれを暗に批判したのです。

仏教はブッダが亡くなった後、歴史の中でさまざまな宗教や神々を取り入れて現在に至っています。その中で、「火」は、このブッダの言葉とは逆の意味で、取り入れられることになります。

それが、今日お寺にあるお手洗いに見られます。みなさんも一度は見かけたことがあるかもしれません。烏枢沙摩明王《うすさまみょうおう》という神様をご存じでしょうか？

この明王はもともと火の神様で、煩悩を焼き尽くす力を持っています。その火の力が強いことから、浄化の神様として「不浄」の象徴であるトイレの神様として祀られるようになりました。

それが現代になってから「**トイレ掃除をすると、ツキがまわる**」と言われるようになって、いろいろな人がトイレ掃除の効能を語るようになっていきました。これも**不浄を浄化するという意味でとても効果がある**ことだと思います。

ちなみに烏枢沙摩明王のお札は、数百円でお寺にて購入できます。お札を貼ってお手洗いを「燃える火」によって浄化し、もっとツキがまわるようにしましょう。

今日、あなたに「いい結果」が出る言葉

①【脚下照顧《きゃっかしょうこ》】心は足元から「シャン！」となります

②【商売繁盛】「お守りの功徳」を体感しましょう

③【神の手】幸運は「偶然」ではなく「必然」です

④【浄らかな心】「人の心」が読めてきます

⑤【足るを知る】もう「偽物」に手を出すことはありません

⑥【菩提樹《ぼだいじゅ》】あなたに「パワーをくれる場所」はどこ？

⑦【良縁】人間関係「ガツガツしない人」が得します

⑧【開運】「掃除をする」となぜいいことがある？

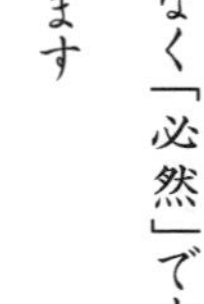

2章

これからの人生「困ったこと」がなくなる話

第9話 「魔が差す」がなくなる話――イライラした時は、近くに悪魔がいます

悪魔（マーラ）よ、よく聞きなさい。
私は「世間の善」を求めない。

↓ものごとにいちいち「見返りを求めない」

要注意！　悪魔は「満員電車に乗っている」

仏教において悪魔は「マーラ」と呼ばれます。

これは、人間の心の内にひそむ「煩悩《ぼんのう》」そのものとも言えます。ですから、キリスト教のサタンのように悪そのものを表しているわけではなく、はっきりとは認識しづらい存在です。

「魔が差す」という表現がありますが、これが仏教でいう悪魔と考えるとしっくりくると思います。悪魔はとても身近な存在であり、私たちが気づかないところで、その手を伸ばしていることもあるのです。

ブッダは修行で小さな悟りを得るごとに、悪魔に囁《ささや》かれて、時には迷い、心を揺さぶられました。とくに成道《じょうどう》（完全な悟り）する際には、ありとあらゆる方向から悪魔がブッダに襲いかかりましたが、ブッダはそのたびに**きっぱりと悪魔を退けた**のです。

「世間の善」とは、「一般的に世の中で善いとされていること」を指します。これは、仏教における善とは違うものです。

ちょっとわかりづらい表現ですが、仏教でいう善とは「真理」のことであり、「ダンマ」（法）という「不変のもの」であると考えられています。ですから、一見もっともなことに聞こえた悪魔が語る善を、ブッダはつっぱねたのです。それは「真理」ではなかったからです。

さて、このブッダの言葉を、私たちの日常に置き換えてみるとどうでしょう。ブッダが言う「善」とは、見返りを求めない行為とも読めます。

たとえば、満員電車の中で体調が悪そうな人に席をゆずったりする行為は善ではないでしょうか。そのようなことが自然とできているうちは、**悪魔が近づくことはない**でしょう。

一方で、私たちの心に「魔が差す」時には、他人と少し肩がぶつかっただけでも、けんかになります。このような時には悪魔が「お前が悪いわけではない。あたってきた奴が悪いんだ」とあなたに囁いているのです。

そのような身勝手な思いが湧いてきた時に、『悪魔が来た！』と気づいてください。そう心の中でつぶやくだけでも**気持ちは冷静になれる**ものです。

第10話

「苦」がなくなる話――

逃げようとするから、噛みつかれるのです

愚か者は、自分が病んでいることを忘れて、
他人が病んでいるのを見て、嫌悪する。
私は、健康というものがないと悟って、
健康への不安は一切消え失せた。

↓健康については「逆から」考えましょう

「どんな苦しみも必ずなくなる」――ブッダはそう考えました

私たちは、ある年齢に達すると、老いや病への恐怖から逃れられなくなります。これはブッダの生きていた時代も同じでした。他人が病んでいるのを見て、「自分は彼らのようになりたくない」と思います。

しかし、一生健康であり続けるというのは幻想です。むしろ誰もが老いや病を背負って生きているのだと気づけば、それに対する心がまえもできるというものです。「生老病死《しょうろうびょうし》」はブッダが出家する時に悟った最初の真理でした。この真理を受け入れることが、**生きるうえでのスタート**と言えるのです。

ブッダがまだ宮殿にいた時のお話に、こんなものがあります。

東門を出ようとした時に老人に出会います。そして、南門を出ようとした時に病人と出会い、西門を出ようとした時に死者の葬列に出会い、北門を出ようとした時に出家者と出会ったといいます。

このことを四門出遊《しもんしゅつゆう》と仏教では言っていますが、当時の世間の現実を象徴したものだったのです。

　このように、人生とは「苦」に満ちたものだとブッダはとらえました。

　正直言って、心地良い思想ではありません。しかし一方で、ブッダはその「苦」を滅する道を説きました。

　苦しみもいつかなくなると思えば、少しは気が楽になります。逆に考えると、楽しみもいつかはなくなっていくものです。このようにとらえていくと、**苦しみにも楽しみにもとらわれない、別の道**があるのだと気づかされます。

　ブッダの言葉を噛みしめてみると、「苦」という真理を受け入れた瞬間から、**新しい世界が切り開かれていく**ように思います。

「苦」という真理に、私たちは絶望を見ます。しかし、絶望を見た私たちの心は、その瞬間から希望を探し始めるものなのです。これは理屈ではなく心の原理です。

「苦」とはどういうことか？

「苦」の先に何が待っているのか？

　ちょっと哲学的な問いですが、たまにはこんなことに思いをはせてもよいのではないでしょうか。

「悟る」（迷いがなくなる）までの前半生

③【生老病死】

ブッダが二九歳の時、城外で「老人」「病人」「葬列」「僧」に出会い、生老病死の真理を悟る。

④【出家】

妻、息子、恵まれた生活、祖国——すべてを捨てて出家する。

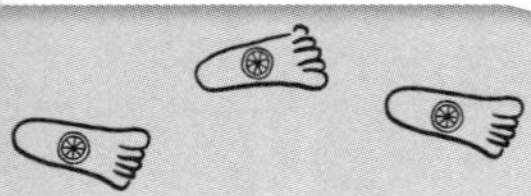

⑤【先生】

二人の師のもとで、仏教の思想的な基礎を築く。

⑥【苦行】

五人の仲間たちと一粒のごまと米で一日を過ごすなど、過酷な苦行を続けた。しかし、苦行の無意味さを悟る……。

ブッダって「どんな人」だった？①

①【誕生】

釈迦国・ルンビニーで誕生。生まれてすぐに七歩歩いた。仙人から「最高の悟りに達する」と予言される。

②【結婚】

ヤショーダラー姫と結婚し、長男・ラーフラをもうける。王宮で何一つ不自由のない生活を送る。

⑦【復活】

スジャータという娘が、瀕死のブッダを神様だと勘違いしてミルク粥を差し出し、ブッダは体力を回復する。

⑧【悟り】

三五歳の時、菩提樹のもとで悟りを開く。悪魔は退散し、ブッダはゆっくりとその悟りを味わった。

第11話

「怒り」がなくなる話——「一つなくす」と「一つ功徳」に!

国王は国王と争い、
バラモンはバラモンと争い、
資産家は資産家と争い、
兄弟は姉妹と争い、
友人は友人と争っている。
ところが、仏弟子たちを見ると、
助け合い、ともに喜び、争うことなく、
愛に満ちた中で暮らしている。

↓「お互い滅びる身」なのに、なぜ争う?

人生は無常――怒っている人は「大事なこと」を忘れています

仏教のメインテーマの一つとして「怒りの抑制」があります。

いかなる怒りであっても、それが肯定されるということは、仏典を見る限りありません。

なぜ、これほどまでに怒りを否定するのかは、その感情の奥にある「我《が》」（アートマン）を乗り越えることこそ、仏教が目指した道だからなのです。この「我」という考え方は、ヴェーダというインドの宗教聖典に見られる概念です。

ブッダは、この「我」がどんなに高次のものであろうと、人間の個体から出たものなので、世俗的なものを超えないと考えたのです。ですから、「我」がある限り、人間は争うことをやめることができないとブッダは悟ったのです。

この世界からそうしたむなしい争いをなくすには、怒りを鎮めなければなりません。

ブッダはよく次のようなことを語っていました。

「すべてのものは移り変わるものである。生きるものすべては死んで、やがては朽ち、繁栄していた王国であっても、必ず滅びていくのです」

読者のみなさんもよくご存じの「無常《むじょう》」という考え方です。

じつに当たり前のことを言っているのですが、私たちが怒っている時には、このような考えがよぎることはありません。

仏教では「怒り」に対してさまざまなアプローチで対処しています。

取り組みやすい方法を二つ、ご紹介しましょう。

一つ目は怒りの感情が湧きあがってきた時、「怒り、怒り、怒り、これは怒りだ」と確認し、怒りをモニターする（監視する）という方法。もう一つは、日々のお勤めの中で「怒らないこと」を口にする方法です。「一、怒らないこと、二、不倫をしないこと、三、お酒を飲まないこと」と声に出して戒《かい》を誓います。

どちらの方法が合っているかは人によりますが、怒りという感情が出ないように、もしくは怒りが出ても、その感情が続かないように工夫してみましょう。

筆者である私も、長年この怒りに苦しめられてきました。ただ、これらの方法を続けているうちに徐々に**怒りのコントロールができる**ようになってきました。

第12話

「死」がわかる話――

「一つの通過点」と考えましょう

なんと人の命は短いことよ。
わたしは一〇〇歳にも満たずに
死んでしまうだろう。
欲望を超える世界を
求めにいかなくては。

↓

永劫回帰《えいごうかいき》――何ごとも「終わり」はありません

ブッダでさえ「死」は怖かった。しかし……

「無常」という言葉は仏教の代名詞であり、ブッダがもっとも多く語った真理の一つです。とくに死は誰にでも理解できる「無常」として認識できます。

インドでは、現代でも死体が河に浮かんでいることは珍しいことではありません。他民族よりも「無常」という概念がしっくりおさまるところはあるのでしょう。ただ、現代人にとって、死は無常であると頭では理解できますが、どこかでそれに対する抵抗があると思います。

ブッダは八〇歳まで生きました。紀元前という時代を考えれば、そうとうな長寿でした。ブッダ一行は、托鉢《たくはつ》で食べるものをいただいて、それをみんなで分け合って食べていたので、食事の栄養も量もけっして恵まれていたわけではないでしょう。そう考えると、**奇跡のような長寿**だったと言えます。

ブッダが死ぬ間際の様子は、大般涅槃経《だいはつねはんぎょう》というお経に詳細に描かれています。それは病気と老衰の苦しみの連続でした。ブッダでさえ、死は耐え難いものだということがひしひしと伝わってきます。

ブッダにとって、死とは一つの通過地点でした。

死は涅槃《ねはん》ということと表裏一体だったのです。涅槃とは修行を完成した末に到達できる仏の世界です。この涅槃に辿り着くことができれば、この世に再び生まれることはなく、苦しみを超えることができると仏教では考えられています。

仏教が考える死とは、**その時点でお終《しま》いというわけではない**ことがポイントです。

死んだ後、私たちは基本的に生まれ変わり、何度も生を繰り返していくのです。そのことを仏教では輪廻転生《りんねてんしょう》と言います。これを信じるか信じないかは別として、死というものを冷静にとらえた時、一つの俯瞰図《ふかんず》としてはおもしろい考えではないでしょうか。

人生で絶望する時は何度かあると思います。

しかし、その**絶望さえ続くものではありません**。

そのように考えると、「無常」は希望となることもあります。

困難な状況にぶつかった時に、無常の考え方をご自身の心境にさまざまな角度からあてはめてみると、絶望が希望に変わることもあるのです。

第13話

人を許せる話——

「行為」より「心」を見る習慣

鍛冶工《かじこう》・チュンダには、
限りない幸福がもたらされるだろう。
なぜなら、
彼のつくった「最後の食事」には
清らかな思いが
込められていたからである。
チュンダは、長寿で、幸せに満たされた、
輝かしい君主となるだろう。

↓

「相手のいいところ」が自然と眼に入ります

ブッダの失敗学！――人生はすべて「考え方次第」

鍛冶工という職業は、当時のインドではカースト制度にも属さない非カーストという身分で、いわば最下層に属する人々でした。

しかし、ブッダはそのように扱われていた人々とも分け隔てなく交流していました。

ブッダは八〇歳になった時に長い旅に出ます。

その中で出会ったのが、鍛冶工・チュンダでした。鍛冶工とは、金属を装飾する細工職人のことです。老齢であったブッダは旅の疲れから、体調がすぐれませんでした。そんな時にチュンダが食事のおもてなしをします。

しかし、チュンダの料理を食べたブッダは、食中毒によって死に至る運命を辿ります。チュンダの料理は悪魔によって支配されていたのでした。このことを直観したブッダは、残った料理はすべて穴を掘って埋めなさい、とチュンダに指示します。

結果として、キリスト教でいうユダのような存在になったチュンダでしたが、ユダと違っていたのは、チュンダが持っていた「**心の清らかさ**」でした。チュンダはブッダに対して純粋な気持ちで食事を提供し、心をこめてもてなしました。結果論ですが、チュンダが死の引き金を引くことによって、ブッダは「涅槃《ねはん》」へと到達することになったのです。

「涅槃」とは単なる死ではなく、修行を完成し、菩薩《ぼさつ》から如来《にょらい》となって、この世に生まれ変わることがない「仏」となることを指します。もしブッダがチュンダと出会うことがなければ、涅槃への道がなかった、という言い方もできます。

そういう意味から、チュンダには**大いなる功徳が約束されました**。もちろん、この「魔の料理」を出したチュンダを非難する人はいました。しかし、ブッダはそのことを予想して、側近の弟子であるアーナンダに「チュンダには限りない功徳がもたらされる」と伝えなさいと言付けるのです。

仏教では、行為そのものよりも、その前提となっている心の在り方が重要だと考えています。

ですから、心から人をもてなしたいという思いに満ちていること、心がピュアであることがより尊ばれているのです。

第14話

「お寺」と「神社」の話――

あなたの近所の「意外な神様」

あなたが神々に深く敬意をはらえば、
神々もあなたに呼応する。
神を心から愛せば、
神はあなたを温かく包み込む。
神の恵みを楽しむ者は、
神に愛され、幸運が舞い降りる。

↓ブッダはなぜ「異教を崇敬した」？

「土地の神様」にお参りしよう

日本の仏教は神道と、どこがどう違うのか？

そのような疑問を持たれている人は多いと思います。日本では長いあいだ、神仏を厳密に区別してきませんでした。そのことが仏教と神道との違いをわかりにくくしていることは事実でしょう。

日本三大霊場である恐山《おそれざん》、比叡山《ひえいざん》、高野山《こうやさん》は、いずれももともとあった神社を中心に寺院の伽藍《がらん》が配置されています。とくに高野山開創《かいそう》の際には狩場明神《かりばみょうじん》という土地の神様が自ら先導して開創の場所を導いていったと伝えられているくらいです。

このように、仏教と神道は深いつながりがあって今日に至っています。ですから、寺院の境内に神社があったりするのです。

さて、このような仏教と神道の関係は、日本特有のものかと言えば、違います。ブッダの生きていた時代から、仏教は異教の神々を崇敬していたのです。それが前述のブッダの言葉に表れています。

これは憶測の域を出ませんが、ブッダは神々の存在を霊眼《れいがん》によって見ていたのです。そうとしか思えない言葉が多く残っています。ただし、ブッダはこのような特殊能力と修行を分けて考えていました。死ぬ間際にブッダの身体に季節外れの花が舞い降りるということがありましたが、弟子たちにはこのように諫《いさ》めました。

「このような奇跡がなされたことで、修行を完成する者を崇拝してはいけない。日々つとめ、はげむ者を尊敬しなさい」

もし**神々の功徳があるとするならば、日々精進し、祈っているものにある**、ということを伝えたかったのでしょう。

さて、私たちの日常をひるがえってみると、お正月などに神社やお寺を参拝しますが、それ以外はほとんど拝むことはないのではないでしょうか？

とくに近所にある神社に参拝することは少ないのではないでしょうか？

もし、みなさんが近くにいる神々に対してご挨拶していないのなら、今すぐに参拝してください。身近な神々に愛されなければ、あなたの繁栄はないと仏教では考えています。

土地の神々を祝福すれば、必ずあなたも愛されるはずです。

第15話

「謙虚な人」になれる話――

神様は「敬う」だけではダメ。「畏れる」

四つの階級がある。
王族とバラモンと庶民と隷民である。
ところが釈迦族《しゃかぞく》は
バラモンたちを重んぜず、尊ばない。
釈迦族は勝れた民族だったが、
あまりも傲慢すぎた。

↓「ブッダの釈迦族」が神々に滅ぼされた理由

とにかく「眼に見えないもの」を信じること

　ブッダの生きていたころのインドは、宗教としてはバラモン教（後のヒンドゥー教）が支配的でした。このバラモン教は、バラモンと呼ばれる司祭階級が最上位につき、武士階級であるクシャトリア、庶民階級であるヴァイシャ、奴隷階級であるシュードラという四つの階級で、身分階層（カースト）社会をつくり上げていました。

　釈迦族はクシャトリアに属しますが、この釈迦国は自由主義的な国家でした。

　このような国家が当時のインドで生まれ始めたのです。それはバラモン支配に対する抵抗があったのだと思います。

　とくに、ブッダが托鉢で訪ねることの多かったヴァッジ国は近代的な都市国家として当時勢力を伸ばしていました。このような国家では、バラモン階級の者よりも、**商人たちが富を持つ**ようになります。そして、ヴァッジ国は栄華を極《きわ》めることになりました。

　一方で、釈迦国は隣接するコーサラ国に滅ぼされてしまいます。

ヴァッジ国とは対照的な運命を辿ったのにはどんな理由があるのでしょうか？　それは釈迦国が自身の血族にこだわって孤立したことと、インドの伝統的な神々を崇拝しなかったことからではないかと考えられます。

釈迦族の人々がバラモンを重んじなかったということは、おそらく祭儀をせず、バラモンを重用《ちょうよう》しなかったということです。

釈迦国は政治から宗教を廃し、遠ざけたのです。このことは、ブッダが修行を完成し、故郷に戻ってきた時、釈迦族の人々はブッダを歓迎しなかったというエピソードが残っていることからも事実でしょう。

これらのエピソードは現代に生きる私たちにも、あてはまるのではないでしょうか。とくに日本人は宗教心が薄いように思えます。神という言葉は使いますが、神に対する畏れというものはなくしてしまったかのようです。

神への畏れがないというのは、謙虚になれないということです。私たちの眼に見えないからといって神が存在していないわけではありません。偶然による**「神の手」によって生かされている**ことを感じましょう。地球や自然という存在によって、私が存在するということさえも、現代では忘れられているように感じます。

第16話

「正しく生きる」話――八つのうち「一つだけ」でいい！

真理へと至るには
「聖なる八つの正しい道」がある。
正しい見解、正しい思考、
正しい言葉、正しい行為、
正しい生活、正しい努力、
正しい精神、正しい瞑想である。

↓今日から「八正道《はっしょうどう》」を実践！

ブッダの言葉を口にする――それも「立派な修行」

これらは八正（聖）道と言われ、四諦《したい》の中の「道諦」を実践する徳目です。四諦は迷いの因果を明らかにしたもので、「この世はすべて苦に起因する」ということを示したものです。簡潔にまとめると、左の図のようになります。

四諦のうちの苦諦《くたい》から滅諦《めったい》までは「苦しいことも、楽しいことも、すべてなくなる」という運命を辿ります。ただし、道諦《どうたい》で正しいエネルギーに変換して初めて苦がなくなるのです。四諦や八正道は、このように人生から苦しみをなくすための具体的な智慧なのです。

八正道の「正しい」という言葉はくせものです。この言葉を言い換えるなら「真理にもとづいた」ということでしょう。では真理とは何でしょうか？　このように考えていくと、何をもって「正しい」というのかがわからなくなります。

多くの仏典にも、じつはこの「正しさ」は語られていません。おそらくこれを解くヒントは「聖」という字に隠されています。「聖なる見解」「聖なる思考」という言い

苦がなくなる「四つの道」

①苦諦　人生は「生老病死」という苦に満ちている
▼
②集諦　苦が生まれるのは、欲望があるからだ
▼
③滅諦　欲望は捨て去らなければならない
▼
④道諦　苦をなくすには、「八正道」で解決できる

苦がなくなる!

方ならブッダの語ることと一致しそうです。これでもまだぼんやりとしていますが、これ以上は言葉を超えた世界の話になってしまいます。

ブッダは、晩年に弟子たちを叱咤《しった》激励《げきれい》する言葉を多く語っていました。

「あなたがたは、修行につとめ、はげみなさい」

この言葉も「正しい」という意味でしょう。お経の一句を繰り返し読むのでも、日々空いた時間を使って瞑想することでもいいのです。

このような、仏教が提示するちょっとした実践を日常生活の中に組み込んでいけばいいのです。**八正道はどんな立場の人々でも実践できる徳目です**。すべてを実行することは不可能ですが、このうちから一つでいいので「正しい」ことを実践してみてください。

これからの人生「困ったこと」がなくなる言葉

①【成道《じょうどう》】いいことが「さり気なく」できます

②【生老病死】人生「避けることのできない」四つの門

③【怒りの抑制】心を強くする最上の法

④【輪廻転生《りんねてんしょう》】もう、むやみにビクビクしなくなります

⑤【涅槃《ねはん》】「クヨクヨ」の回数が明らかに減ります

⑥【功徳】「地元」「近所」をもっと大事に！

⑦【偉大な力】「生きている」のでなく「生かされている」

⑧【正道】完璧なんか目指してはいけません

3章

読むだけで「気持ちがラクになる」話

第17話 「嫌なこと」が減る話——

「不幸の種」を撒かなければいい！

かつて私が菩薩だった時、
みずから生まれる苦をもって生まれたのに、
生まれる苦をさらに追い求めた。
みずから老いる苦をもって生まれたのに、
老いる苦をさらに追い求めた。

↓人生の「わび」「さび」を楽しもう

心は畑。「幸福の種」だけ撒きましょう

ブッダが何度も生まれ変わったという話は、『ジャータカ』という前世物語にまとめられています。この言葉は、かつてブッダが、前世でまだ悟りを得ていない時の過ちを言葉にしたものです。

「生まれる苦をさらに追い求める」という言葉の意味は、ここでは「子どもが欲しいという願望」を指します（この言葉は出家者へと向けられたもので、在家信者に向けられた言葉ではありませんので誤解のないように）。

多くの経典でも「子に近づくな」という文句はよく出てきます。

修行をしている身で町へ托鉢に行き、子どもと仲良くなると、情が移ります。そして、情が移るとそれが愛に変わり、心がとらわれてしまうのです。けっして愛を否定しているわけではありません。出家者にとって**心がとらわれることが一番危険**だから、仏教は愛を遠ざけるのです。

「老いることの苦をさらに追い求める」という言葉は「不老不死を得よう」という考

えです。

これを現代にあてはめてみると、アンチエイジングです。老化は誰もが避けられないものですが、なかなか受け入れられません。それを遅らせることがビジネスになっているのですから、ブッダがこのことを知ったら、あきれてしまうかもしれません。

このようなとらわれは、私たちが日常の中で追い求めているものです。そして、その原因はいったいどこにあるのかと言えば、私たちの心そのものにあります。

仏教では因果論という言葉がありますが、それは「私たちが心という畑に撒いた種が育つのだ」と考えているのです。そして、まず私たちが行なうことは「**種を撒くことではなく、種を撒かないこと**」と仏教では教えています。

前述の言葉を教訓とすれば、「老いることの苦をさらに追い求めない」ことは今日から実行できることです。それは**老いることを楽しむという発想**にあります。幸いにして日本には「わび」「さび」という文化があります。私たちの心持ちしだいで、顔に刻まれた深い皺でさえ前向きにとらえられるのではないでしょうか。

第18話

言葉がきれいになる話

ブッダはこんなにも「魅力的」だった？

梵天は言った。
「この世は破滅する。
なぜなら、修行を完成した人が、
何もしたくないという気持ちに傾いている。
ゴータマ・ブッダは
人々に説法しようとは思っていない」

↓

一日に一回「沈黙の習慣」を！

沈黙の効用――「虚言・建前」が自然になくなります

ブッダは菩提樹のもとで瞑想し、ついに修行が完成され、悟りを得ました。この時ブッダは、悟った内容があまりに難解で言葉にしがたいものだったので、自分一人の世界にとどめてしまおうと思ったのです。

前述の言葉は、そのブッダの気持ちを察知した梵天が嘆いた時のものです。

仏教では沈黙を重視します。たとえば、ブッダは言葉ではなく、**沈黙によって答える**ということをしました。どういうことかと言いますと、沈黙＝YESという意味です。または、沈黙＝満足という意味でもあります。

この時、ブッダは深い瞑想に入っていたため、沈黙し、語りたくないという気持ちになっていました。

基本的に沈黙は良いことと考えられていますが、例外もあります。それは「真理を語らない」ということです。もし、このままブッダが悟った内容を誰かに伝えることがなければ、多くの人々が迷ったまま、その人生を全うすることになってしまいます。

このブッダの沈黙を実践する考え方は、現代では禅という形で行なわれています。仏教の禅はひたすら静かに座り続けるという行《ぎょう》です。

これで何が得られるのかというと、説明するのは難しいところですが、**ブッダが悟りを開いた時と同様の世界を追体験する**ということです。

さて、幸いなことに、ブッダは梵天の後押しによって考え直し、人々に自身が悟った真理を説法しました。そして、語った内容が「真実の言葉」であったため、多くの人々がその教えを聞きにあちこちから駆けつけるようになります。

沈黙することと真実を語ることは、両方あってこそなのです。だからこそ、私たちは語り過ぎることなく、沈黙することが求められているのです。

真実を語ることを基本とすると、おしゃべりは慎まれ、虚言をはくことができず、建前と本音を使い分けることもダメということになります。

そのように考えると、**沈黙を意識し、真実を語るようにするだけで、言葉は良いものを選択できます**。そして、私たちは良い言葉を語ろうとします。これが沈黙による効用なのです。

「悟り」を伝えた後半生

⑪【隆盛】

シャーリプトラ、モッガラーナ、カッサパ三兄弟などが帰依。一気に仏教教団の知名度が高まる。

⑫【寺院】

コーサラ国の首都・サーヴァッティーに祇園精舎を建立。莫大な布施によって寺院を設立する。

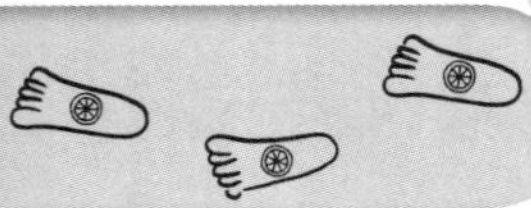

⑬【晩年】

八〇歳になった時、ブッダは最後の旅に出る。マガダ国のラージギルからブッダの故郷の方角へと向かう。

⑭【自由】

ヴァッジ国で美貌と教養に秀でた遊女・アンバパーリーと食事を共にする。自由の精神を味わう。

ブッダって「どんな人」だった？②

⑨【決意】

ブッダは真理を人々に伝えても無意味だと感じていた。しかし、その教えを広めることを決意する。

⑩【説法】

苦行仲間であった五人に、最初の説法を行なう。彼らはブッダの教えに感動し、最初の仏弟子になった。

⑮【功徳】

チュンダの料理で食中毒にかかり、ブッダは涅槃へと旅立つ。しかし、チュンダには功徳がもたらされた。

⑯【入滅】

マッラ国・クシーナガルにて、死を迎える。ブッダの遺体は火葬され、舎利（遺骨）は八つに分割された。

第19話

家族とうまくいく話——「感謝の気持ち」の正しい伝え方

資産家の子・シンガーラは早朝に起床して、沐浴《もくよく》し、衣をきれいにして、髪をとかして、合掌し、東方・南方・西方・北方・下方・上方の各方角を礼拝した。

↓東・西・南・北・上・下——「六方礼拝《ろっぽうらいはい》」しよう

誰に対しても効果大！「ブッダの処世術」

冒頭の文章は『シンガーラへの教え』として有名な経典から紹介しています。この経典は家長がなさなければならないことを集めたものです。

ブッダはそのほかに、妻への接し方として「装飾品をプレゼントする」、夫への接し方として「集めた財を保護する」といったかなり具体的なことまで教えています。

これらは真理の言葉というよりも、**処世術としての仏教**です。

みなさんが想像するブッダは、高尚な言葉を語るイメージがあるでしょう。ですから、意外に思うかもしれません。ブッダが在家信者に対して語る言葉は、わかりやすく具体的で、なおかつ実践的なのです。

この礼拝は「六方礼拝」といって、東方に父母を想い、南方に師を想い、西方に妻子を想い、北方に友人を想い、下方に弱き者を想い、上方にバラモンを想いながら、合掌します。ここでいうバラモンとは、真理の求道者を指します。

六方礼拝は、**日々多くの人々の恩によって生かされている**ということを意識できるので、とても良いおつとめです。

私たちは家にある仏壇や神棚などを礼拝することはあると思いますが、「生きている人々」に対して礼拝するということはありません。

仏教に興味を持つ方々はよくお墓参りをします。自身の中でぼんやりとしていた祖先に対する畏怖の念に気づくからです。このこともすばらしいことですが、私たちの**目の前の生活に対する感謝もとても大切**です。

身近な人々への感謝を表すのに効果的なのが、前述の六方礼拝です。

たとえば、父母や妻や子どもに対して感謝の言葉を直接伝えるというのは気恥ずかしいものです。関係が近いだけあって、なかなか言葉にすることができません。

しかし、それを礼拝という形に落とし込めば、気恥ずかしさもあまり感じずに実行できるのではないでしょうか。

さあ、みなさんも感謝の気持ちを無言の祈りに変えて、新しい毎日をスタートさせてみてください。

第20話

人を動かす話

「日々努力していること」を話すのです

最上の人、最高の人、
牡牛《おうし》のような人は、
やがて仙人の集まるという名の林で
法輪《ほうりん》を回転するだろう。
獅子《しし》が
百獣にうち勝って
吼《ほ》えるように。

↓人前で話す時は「自分＝獅子」をイメージ！

人の心を鷲づかみにする「ブッダの話し方」

ブッダは悟りに達した時に、その心地良さに遊んでいたといいます。とはいえ、悟りで得たものがあまりにも難しいものであったため、それを人々にどう伝えたらよいか迷っていました。

しかし、真理の教えを自分自身の中にしまっていても何にもならないと気づいたブッダは、誤解されることを恐れずに説法することにしたのです。

最初の説法の相手は、苦行をともにしていた修行仲間でした。しかし、苦行を途中でやめたブッダのことを彼らは快く思っていませんでした。ですから、半分はバカにしながら聞いていたはずです。

ところが、ブッダの説法が始まったとたん、彼らは度肝を抜かれました。

なぜなら**「獅子が百獣にうち勝って吼《ほ》えるように」堂々と語り出した**からです。

言葉というものは不思議なものです。いくら善い言葉を語っても、心の底から出た言葉でないと、人々を感動させることができません。逆にどんな熱弁も、中身が空っぽであれば、それもまた人々を巻き込むことはできないのです。

ブッダはよく獅子（ライオン）に喩えられます。または「帝王」とも評されます。それは私たちが抱いている「慈悲の人」というイメージからは遠いのですが、仏典にはそのような比喩が使われているのです。

ブッダがライオンが吼えるがごとく説法した様子は、仏語としても定着していきました。現在ではあまり使われなくなりましたが、「獅子吼《ししく》」という言葉があります。「ライオンのように猛々しく吼える」ということですが、「自信に満ちた言葉で語る」「熱弁をふるう」「正道を説いて邪説を喝破《かっぱ》する」といった意味です。

「獅子吼」は、**「ここぞ！」という時にイメージすると良い**でしょう。

もしあなたがそのように堂々とした言葉を放てば、話を聞く相手も真剣になるはずです。また、あなたが日々正しく努力していることを語る時、自然とそのように熱弁していることに気づくはずです。

他人に対して真剣に語ろうとする時は、ライオンのように堂々としたイメージを持ちましょう。

第21話

別離に耐える話——

仏教では「永遠の別れ」などありません

私が、妃の手をよけて息子を抱けば、
妃は目を覚ますだろう。
そうなれば、私は出家できない。
私は修行を完成し、
仏となってから、
彼らと会うことにしよう。

↓悲しい時間は「新しい人生の準備期間」！

出家――「家族と別れる悲しみ」をブッダはどう克服？

出家をする時のブッダの心境が、痛いほどわかる言葉です。

ブッダが出家したのは二九歳の時で、妃・ヤショーダラーと息子・ラーフラがいました。その時の感情は子を持つ親ならば誰でもわかりますが、かなりつらい選択だったことが想像されます。

出家というイメージは現代人が考えるほど、当時のインド人にとって特別なことではありませんでした。なぜならば、古代インドでは出家は社会に組み込まれたものだったからです。

その証拠に、旅の先々でブッダを庇護する貴族や商人がいました。ブッダは住む場所や食物を提供してもらう代わりに、彼らのために説法をしました。このように**真理を求道する人々を支援する空気**があったのです。

それから、ブッダが出家できた理由の一つには、王族の生まれであったこともあるでしょう。ブッダが出家しても家族が路頭に迷う心配はありませんでした。

出家のイメージですが、ちょうど映画『男はつらいよ』の寅さんに置き換えてみると、わかりやすいと思います。ふらっと旅に出て、「どうしてるのかな？　寅さんは」と思うと、寅さんが旅先から戻ってくるというシーンがありますが、ブッダも同じように故郷へ何度か戻ったようです。

一方で、残された妃と息子ラーフラはどのような気持ちだったのでしょうか？　ブッダがいつか家族から離れていくことは予感していたと思いますが、王子という立場の人が出家した事実はかなり衝撃だったでしょう。まさに不幸のどん底だったと思います。とくにラーフラの思いは複雑だったようです。しかし、そんなラーフラも父・ブッダの後を追うようにして出家してしまいます。

こう考えると、妃が一番孤独で不幸とも思えますが、それは私たちが勝手に思っている想像にすぎません。

ちなみに子のラーフラはブッダ十大弟子の一人として密行第一《みつぎょうだいいち》と言われ、**不言実行をした人として尊敬を集めました**。このような立派な夫と子を持ったヤショーダラーはそれほど不幸だったわけではないような気がします。

第22話

願いが叶う話──

心が「ピンとまっすぐ」になります

スバッダを、私の前に連れて来なさい。
スバッダは、真理を求めて
私を訪ねて来たのであり、
彼が求めることは、
どんなことでも答えるつもりだ。

↓道を求める者に「扉は開かれている」

時には「厚かましく、空気を読まない」。それでいいんです

ある日、ブッダのもとにスバッダという人物が訪ねてきました。

じつはこの時、ブッダは衰弱しきっていて、人と面会するだけの気力が残されていませんでした。そんな時に、場違いとも思えるほど積極的な弟子志願者が現れたのです。

良識のある人でしたら、ブッダの健康状態を聞いてあきらめるところですが、スバッダはあくまで自分の思いを伝えようとしたのです。

これには側近だったアーナンダさえもあきれるほどで、何度もスバッダの申し出を断ります。それでも、スバッダは引き下がらなかったのです。

このアーナンダとスバッダのやりとりを傍らで聞いていたブッダは、アーナンダを制して前述の言葉を伝えました。こうして、スバッダは**ブッダの最後の直弟子《じきでし》**として歴史上に名を刻むこととなったのです。

道を求める者には、つねに扉は開かれている。

そのようなことが感じられる、とても良いエピソードです。

その人の願いが純粋であると、どんな困難なことも達成できるような気がします。

それは心がありのままの良い状態なので、目的が達成されやすいのでしょう。私たちも、スバッダのやや厚かましいとも思える行動力を見習いたいものです。

ちなみにこのスバッダですが、ブッダが亡くなった後にまたもや場違いな発言をして周囲を唖然とさせてしまいます。

「ああ、私たちはブッダから解放された。私たちはもうブッダに気を遣うことなく、自由に生きていいんだ」

こんな空気を読めない発言をして、傍らにいたマハー・カッサパという長老から言葉を制されています。

スバッダは、仏弟子としてはけっして勝《すぐ》れた弟子とは言い難かったのですが、その行動力とまっすぐな心で、**死と隣り合わせの状態だったブッダをも動かした**のは事実です。

私たちも、スバッダの持つ自由奔放なエキスを少しでも吸収したいものです。

第23話 迷いがなくなる話

「答え」はいつも目の前にあります

「疑問があれば、なんでも質問しなさい」
このようにブッダは
誰に対しても別け隔てなく接した。
質問を許されたアジタは、
合掌して座し、第一の質問をした。

↓困った時は「南無ブッダを七回唱える」

「ほとんどの悩み」は告白するとなくなります

ブッダはありとあらゆる人と対話しました。その記録は質問集としてまとめられているほどです。どんな質問がされているかを、いくつか挙げてみましょう。

「世間は何によって輝くのですか？」

「心が動揺しない人は、どのような人ですか？」

「王族やバラモンは、なぜ犠牲を捧げたのですか？」

「この世の苦しみのもとは何ですか？」

「あなたの声を聞いて、やすらぎたいのでお願いします！」

ブッダは弟子たちによく「質問しなさい」と声をかけていました。質問できるということは、**今の自分の心の状態をわかっている**ということです。ですから、ふだんから気をつけて生活していないと、質問は出てきません。

ブッダは死の直前にも弟子たちに「質問はないか？」と問うていました。しかし、弟子たちは遠慮しているのか、質問することはありませんでした。私はこの経典の言葉に触れた時、「ブッダの死を前にした弟子たちが冷静な心を保っていられなかったのかな?」と感じました。

私たちは修行僧アジタのように直接質問できるわけではありませんが、心の中で問いかけることはできます。

仏教では自らの心の中に仏がいると考えています。ですから、心に語りかけるということは、ブッダに質問するということと同じなのです。

自分の心に質問してみると、**不思議なことに、必ず答えが返ってきます**。気のせいではありません。私たちが悩みを告白することで、**心は現在の状況を打破しようと身体を作動させる**のです。

質問する前に「南無ブッダ」と七回唱えましょう。「南無」とは「ブッダに対して敬意を表し、ご挨拶いたします」という意味です。

そのようにブッダに丁寧に語りかければ、あなたの質問に必ず答えてくれるはずです。

第24話

慈悲が生まれる話――相手の中にブッダがいる？

私は聖なる道を求めている。
バラモンではないし、
王子でもない。
ヴァッジ人でもないし、
他の何ものでもない。

↓ブッダは山川草木《さんせんそうもく》にも宿っています

多神教という「気持ちがラクになる」考え方

冒頭の文章では、バラモン、王子、ヴァッジ人という言葉が並べられています。これらは当時のインドでも最上位層の人々という意味です。ブッダは、彼らと自分は違う存在なのだと言っているのです。

ヴァッジ人とは、古代インドの中で極めて繁栄していた種族で、**三十三天の神々がつき従っている**と言われていたほどです。三十三天とは、帝釈天が住んでいる神々の世界で、主要な神々が住む世界と考えてください。これはあくまで喩えですが、ヴァッジ人はそれほど際立った存在だったということです。

ヴァッジ人は、肌の色も、着ている服も色とりどりで、多様な民族が集まった集団でした。ブッダがこのヴァッジ人とよく交流していた様子が、仏典では伝えられています。

さて、前述の言葉は「ほかの何ものでもない」存在、「比類なき」存在としてのブッダを示していますが、裏返しに言えば、ブッダとは「どんな存在でもあり得る」ということだとも言えます。

このような考え方は初期の仏教には明確にはありませんでしたが、時代を経るごとに、ブッダ（仏）は山川草木にも宿ると考えられるようになりました。

仏教は多神教ですが、すべての源は一つの神（仏）に帰すと考えたのが、仏教でももっとも新しい思想として現れた密教でした。こうなると、多神は一神であり、一神は多神であるということが成り立ちます。ここで言う「一」とは無限という意味です。そして、仏の範囲がより広がったものが「生きとし生けるものに仏が宿る」（悉有仏《しつうぶつ》性《しょう》）という考え方です。

あなたの隣に座っている人がブッダかもしれない。そう考えるのが「悉有仏性」です。

「その人がもしブッダであるなら？」と考えると、身近な人への接し方が変わってきます。また、そう思うと、**心が穏やかになってくる**のではないでしょうか。

怒っている上司も、それがブッダだと思うと、不動明王のようにも見えてきます。そして、**その怒りはブッダの慈悲なのかもしれない**と想像するだけで、理不尽な上司の怒りも冷静に受け止めることができるかもしれません。

読むだけで「気持ちがラクになる」言葉

4章

人間関係・仕事関係「全部うまくいく」話

第25話

トラブルがなくなる話——ブッダが「上下関係」を重んじた理由

如来《にょらい》に呼びかける時は
「ゴータマよ」「きみよ」

という親しみを持つのではなく、

「尊い方よ」「釈尊《しゃくそん》よ」

などと敬意を示しなさい。

↓「気遣い」ができる人、できない人の差

丁寧語には「すごい効果」があります

意外なことかもしれませんが、ブッダは上下関係を重視していました。

ブッダの教団も組織が大きくなるにつれ、常識的なことが行なわれなくなったり、円滑なコミュニケーションがなされなくなったらしいのです。そのためにブッダは、このような細やかなことも弟子たちに伝えました。

如来とは「修行を完成した者」のことで、この文脈ではブッダのことを指します。ちなみにキリスト教でも「神」に対して直接の名を呼ぶことはなく、「ロード」とか「父」などと呼びかけるのがふつうです。

ブッダという言葉も、直接の名ではなく「目覚めた人」として敬意を込めた一般名称として使われたものです。ですから、ゴータマ・ブッダ以外にもブッダは存在したということになります。

初期仏典によれば、父や長老、目上の者に対する尊敬は当然のことでした。また、**敬意を表す言葉は「善い言葉」として、その人を繁栄させる言葉**だとも考えられていました。

このようなことを踏まえると、私たちは自分たちの父母や祖父母にあたる人々に対して、もっと尊敬を込めた言葉で接するべきではないでしょうか。ただし、突然「お父様」「お祖父様」などと呼びかけると、「どうかしたのか？　お前は？」などといぶかしがられると思いますので、**丁寧語などを会話に織り交ぜる程度で良い**のではないでしょうか。たとえば、こんな言葉です。

「最近どうされていますか？」

「元気でいらっしゃいますか？」

「いつもお変りなく若々しくて、素敵ですね」

こういった枕詞でかまいませんので、会話に挟み込んでみましょう。

ブッダは、このような気遣いを目下の者に対してもしていました。第13話では鍛冶工・チュンダの言葉を取り上げましたが、親しかったチュンダへの呼びかけは「チュンダカよ」でした。現代語にするなら「チュンダッチよ」とあだ名で呼び、親愛を込めて接していたのです。

第26話

「強い人」になる話——

すべては「原因と結果の法則」

スダッタは使用人に命じて言った。
「さあ、行って黄金を持ってこい。
この空き地に敷きつめてしまおう」
その時ジェータ王子はこのように思った。
「この男がこれほど多くの黄金を
捨てるとはただごとではない」

↓最初の仏教寺院・祇園精舎の「ありがたい」話

あなたが「今日やるべきこと」は何？

仏教の思想は基本的に引き算です。

「〇〇をしない」ということを日常生活に課していきます。たとえば「無駄話をしない」「怒らない」といったことです。つまり、種を撒かないことを基本とします。種を撒かないことによって**悪がはびこることを防ぐ**のです。仏教ではこれを「原因と結果の法則」と呼びます。

しかし、逆に種を撒くことによって、その**「原因と結果の法則」を善用するということも可能**なのです。

資産家スダッタはこの「原因と結果の法則」を善用した人でした。

スダッタはブッダに深く帰依していたので、なんとかブッダの説教道場をつくりたいと考えました。しかし、その場所はジェーダ王子の土地でした。王子はそこに寺院をつくることをあまり快く思っていませんでした。

スダッタは寺院をつくる必要性を訴えるため、極端な行動に出ることにしました。

それが「土地に黄金を敷き詰める」ということだったのです！　これにはさすがのジェータ王子も驚き、スダッタのブッダに対する思いの深さにうたれ、自分の土地を寺院設立のために提供しました。

スダッタは信念の人でした。土地に対して莫大な布施をして、そこに仏教の種を撒いたのです。じつはこれが最初期の寺院として大きな役割を果たすことになりました。「祇園精舎《ぎおんしょうじゃ》の鐘の声、諸行無常《しょぎょうむじょう》の響《ひびき》あり」で有名な祇園精舎の建立《こんりゅう》です。現在のような寺院を中心とした布教活動は、スダッタのような人がいなければ成り立たなかったのです。

スダッタの撒いた種は仏教を世界宗教にまで発展させました。もしスダッタが黄金を敷き詰めなければ、私たちが仏教を享受することはなかったのかもしれません。

私たちは、このように**積極的に善の種を撒くこともできる**のです。現在あなたができる種撒きは何でしょうか。それはスダッタのように極端で派手な行為でなくてもかまいません。今できる行為を形にしてみましょう。

ブッダは「こんな世界」に生きていた!

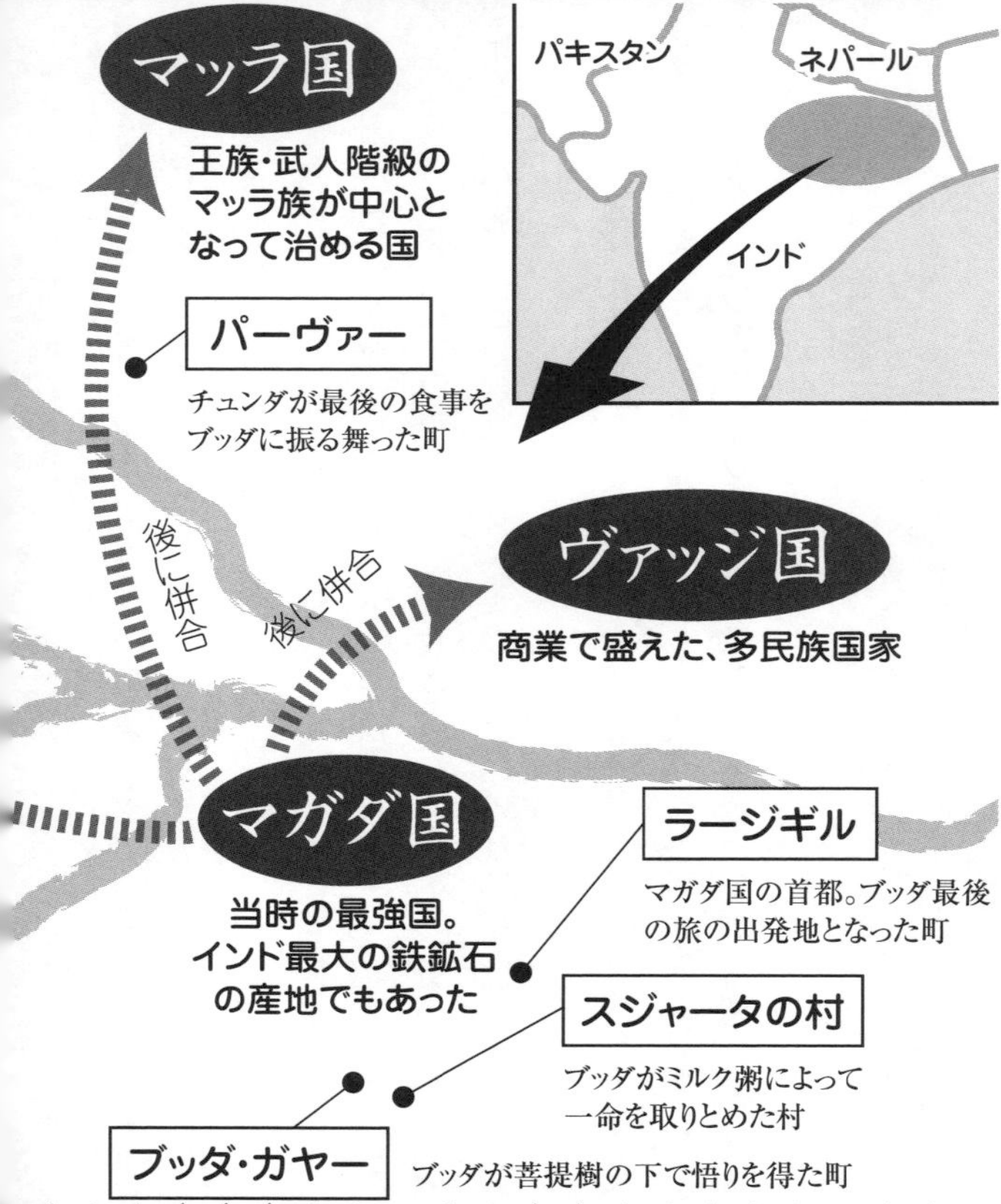

パキスタン
ネパール
インド
マッラ国
王族・武人階級のマッラ族が中心となって治める国
パーヴァー
チュンダが最後の食事をブッダに振る舞った町
後に併合
後に併合
ヴァッジ国
商業で盛えた、多民族国家
マガダ国
当時の最強国。インド最大の鉄鉱石の産地でもあった
ラージギル
マガダ国の首都。ブッダ最後の旅の出発地となった町
スジャータの村
ブッダがミルク粥によって一命を取りとめた村
ブッダ・ガヤー
ブッダが菩提樹の下で悟りを得た町

ブッダの時代の「世界地図」って？

釈迦国
ブッダの祖国。農業がさかんな国だったといわれる
ルンビニー
ブッダが生まれた町
併合
コーサラ国
釈迦国を滅ぼした国。大国、マガダ国と覇権を争っていた
クシーナガル
ブッダが亡くなった町
（一説には、食中毒だったと言われている）
シュラーヴァスティー
スダッタが祇園精舎を建立した町
後に併合
サルナート
ブッダが5人の苦行仲間に初めて説法した町
ガンジス河
N
0
100km

第27話

人との絆を強くする話——

これこそ「仕事の原点」

ブッダは家もなく、遍歴し、
多くの人々に慈しみを与えていた。
袈裟をつけて、托鉢して生活し、
村から村へ、町から町へと旅をし、
荒野に寝泊まりすることもあった。

↓今「何かを無償で提供」できますか？

ブッダが考えた「人と人との信頼関係」

ブッダが生きていた時代、出家者は一般の人々からの布施や寄進によって生活していました。つまり、**人とつながり、信頼関係だけをベースに暮らしていた**のです。

現代の日本でも、僧が托鉢している姿を街中で見かけることはありますが、そのほとんどは「期間限定の修行」という位置づけにすぎません。しかしブッダの時代の僧たちはそれが日常でした。

たとえば第26話で登場した資産家・スダッタは、莫大な金塊を布施したことによって、晩年はひもじい暮らしを強いられることになります。しかし、スダッタのすごいところは、それでもできる範囲でブッダたちに布施をしているところです。自身の生活を犠牲にしてまで、仏教に帰依し続ける姿勢はぐっと胸に迫るものがあります。その時の様子は仏典にも残っています。

「資産家・スダッタよ、あなたの家ではほどこしを与えますか」

「尊い方よ、わが家では施しを与えます。ただし、それは粗末な食事でしかありません」

出家者は、在家（一般の信者）のためにできる限り修行に邁進し、在家者は、自分の生活範囲の中でできる限りサンガ（出家した僧の集まり）を支援するという関係ができていました。お互いに経済的には貧しかったと思いますが、支えあって社会が成立していることがみてとれます。

私はここに仕事の原点を見るのです。

本来、**仕事というのはそれぞれができることを提供し合う**ことです。スダッタのしている行為はブッダ同様、尊いものに思えます。スダッタが無償の行為としてサンガを支援していることは並大抵のことではありません。もちろん、信仰に基づいているからこそできるのですが、スダッタは、その信仰心を育てるために、一方で大変な修行をしていたはずです。

私たちの社会は、このつながりをなくしてしまいました。

「絆」ということが叫ばれていますが、それはじつに単純な行為でつくれるものだということをブッダの言葉から教えられます。

それは、自身のできることを他人に無償で提供することなのです。

第28話 自分のステージを上げる話——「人生が劇的に変わる」瞬間

ブッダは瞑想しながら考えていた。
「他人を尊敬することなく、目上の者に従順でなく暮らすことは、難しいことである」

↓人から人へ——「大事なこと」を確実に伝える法

「師を求める」ことから始めよう

ブッダは出家後、さまざまな行者に師事して、真理を学びました。

そして苦行の末に悟りを開いた時、「もう自分には師がいない」ということに気づいたのです。それは今まで以上に困難な道を歩むことを選択したということです。

仏教の歴史を見てみると、みなそれぞれ道を求め、師を求めて旅に出ます。不思議なくらいみな同じような旅をしています。それは三蔵法師《さんぞうほうし》が天竺《てんじく》を訪ね、空海《くうかい》と最澄《さいちょう》が唐を訪ねたようにです。そして、旅の中で出会った師によって**その求道者《きゅうどうしゃ》は目覚め、自分で道を切り開いていく**ようになります。

ブッダも師から師へと訪ねて行きました。そして、師を得るごとにブッダは宗教者としてのステージをさらに上げていったことがうかがえます。当時インドにあったさまざまな宗教を吸収していき、その教えの体系をつくっていきました。そういう意味で、仏教はオリジナリティというものがあまりないのです。

仏教ではとくに師弟関係というものを重視します。なぜなら、それが真理を受け継ぐ唯一の方法だからです。人から人へとその教えは続いてゆきます。ブッダの死後、その後を継いだのはマハー・カッサバでした。そして、アーナンダへと引き継がれていきました。そして、今、数えられないほどの仏祖を通して私たちのもとにその教えは引き継がれているのです。

師（先生）を求めると、私たちの人生は劇的に変わります。

なぜなら、師から私たちへ教えが伝えられるからです。

たとえば、密教では教えは人から人へしか伝わらないと考えており、それを「面《めん》授《じゅ》」という言葉で表現しています。つまり、人と人が面と面をつき合わせることによってしか真理は伝わらないと考えているのです。

おもしろいことに、私は梵字を習った時にまさにそのことを痛感したのでした。教科書を見て練習していても、どう書いたらいいのか一向にわからなかったのに、**師の指導によって一瞬でわかってしまった**のです。

まずはあなたにとって先生と思える人に会いに行くことから始めてみてください。**思いがけない新しい世界が開けていく**はずです。

第29話

孤独に強くなる話――「心の修養」が効きます！

私には師は存在しない。
私に似たものは存在しない。
神々を含めた世界のうちに、
私に匹敵する者は存在しない。

↓

「犀《さい》の角《つの》のように独りで歩む」といい

「独りきりの時間」をもっと大事に！

ニーチェがもっとも影響を受けたといわれるブッダの言葉に、「犀の角」という詩があります。

これは『スッタニパータ』という初期仏典の中でもとくに有名なものです。一部を引用してみましょう。

生きとし生けるものを殺さず、ただ一つの生命をも傷つけることなく歩め。
——それは犀の角のように、たった独りで歩むことと似ている。
男と女が交われば欲望が生じる。
そして、欲望によって苦しみが生まれる。
その欲望が生まれることを見つめよ。
——それは犀の角のように、たった独りで歩むことと似ている。
どんな場所へも赴き、あなたが得たもので満足し、あらゆる苦難を耐えなさい。

——それは犀の角のように、たった独りで歩むことと似ている。

『スッタニパータ』「犀の角」より一部翻訳

ブッダの生きていた時代に、人々から尊ばれていた行為は、「独り歩む」ということでした。この当時に生きていた人の理想が「犀の角」という表現に凝縮されています。犀は神聖で孤独な生き物であり、その角は貴重なものの象徴です。人間にとって孤独というものはもっとも耐え難いものの一つです。

そして、**仏教の教えの究極の境地は、この孤独を超えるということ**です。

しかし、孤独を超えるためには、それなりの修養が必要です。しかし、ほとんどの人々は出家することはできません。そうであるなら、日常生活の中でほんの少しの時間でいいので、独りきりになる時間をつくってみてください。

まずは手始めに、上記のブッダの言葉とスッタニパータの言葉を、独りきりになれる空間の中で口にしてみましょう。

第30話 リーダーシップの話

人の上に立つ「器」になるには?

「ブッダよ、もし私たちが出家していたら、
こんな苦しみには遭わなかったでしょう。
私たちを今助けてください。
出家させてください」
「よく来られた、比丘《びく》らよ!」
そうブッダが言うと、
五〇〇人の盗賊たちの衣は袈裟となり、
鉢もそなわって、姿形《すがたかたち》もととのった。

↓
「心を鏡にする」と見えるもの

一日に一回「ブッダの言葉」で心磨き！

今も昔も出家者の中には、自身の身分を隠すために、または自身の過去を清算するために出家するということがあります。

日本でも昔はしばしばそのようなことが行なわれていました。たとえば、戦国時代の武将、斎藤道三《さいとうどうさん》です。道三は、法蓮房《ほうれんぼう》という僧からスタートし、名前を次々と変えて斎藤利政《さいとうとしまさ》として戦国大名にのぼりつめました。斎藤利政はさらに、斎藤道三という名に変えて、常在寺で頭を剃って再び出家してしまいます。

前述の五〇〇人の盗賊たちも、死を恐れて出家を願った様子がうかがえます。「比丘」という言葉は、戒律を授けられた僧のことを指しています。ちなみに女性出家者は比丘尼《びくに》と言います。ブッダはどんな理由で出家したにせよ、**求める者たちをこばまなかった**のです。しかし、常識人であれば、盗賊の頼みを拒絶するのが普通でしょう。

ここでのブッダの言葉に込められたテーマは、「心を鏡にする」ということです。

現代の感覚で考えたら、ブッダの行為は倫理的には許されないものかもしれません。しかしダンマ（真理）という側面からみると、正しいことがわかります。なぜなら、ブッダがこの五〇〇人の盗賊を救わなければ、彼らは永遠に救われることがなかったかもしれないからです。どんな理由にせよ、出家し比丘として活動することになれば、自らの誤りに目覚める者が現れます。そんなことをブッダは直観したのだと思います。

この問題を私たちにあてはめてみましょう。

上辺ではなく、**真理を見るように心を絶えず磨いていれば、イヤな人も悪い人も、分け隔てなく接することができる**のではないでしょうか。

もしあなたのところに盗賊が救いを求めに来たのなら、それを受け入れる心が私たちに用意されていることが理想です。

読者のみなさんには、まず本書にあるブッダの言葉を繰り返し味わっていただきたいと思います。そのように言葉を繰り返して味わうことで、心は磨かれていきます。そこにはつねに新しい発見があるはずです。

第31話 人格を磨く話——

「今日、人に気配りができた？」

この世には汚れの少ない人がいます。
彼らは教えを聞かなければ退歩しますが、
聞けば真理を悟る者となりましょう。

↓二人の自分——道を「生きる人」「汚す人」

「四種類の人間がいる」とブッダは考えた

ブッダは悟りを得たものの、その教えを誰にどのように伝えたらよいのか迷っていました。その時、梵天はブッダを後押しして、説法をせがみました。ここで言う「汚れの少ない人」とは後にブッダの十大弟子になるような人々を指すのでしょう。

ブッダが教えを説き始めると、次々と弟子の数が増え始めました。

たとえば、ブッダの一番弟子だったシャーリプトラ（舎利弗《しゃりほっ》）は信徒二五〇人を、カッサバ三兄弟はそれぞれ数百人の弟子たちを引き連れて帰依しました。そのため、それ以降、一気に仏教教団の知名度が高まったとも言われました。

ブッダは『スッタニパータ』という経典の中で、道には四種の人がいると説きました。つまり、仏教の教えを聞いて悟る人たちをカテゴリー化したのです。「道の勝利者」「道の説教者」「道を生きる者」「道を汚す者」です。

「道の勝利者」とは、あらゆる難局を超え、愛欲から離れ、貪欲に溺れず、**神々とともに世界のリーダーになりうる人**としています。これはブッダの高弟だったシャーリプトラやマハー・カッサバのような人々を指すと考えて良いでしょう。

次に挙げたのは「道の説教者」でした。この世で一番大切なことを知っていて、法を説き、それを噛み砕いて伝えることができる、**堅固な心を持っている人**としています。これらはサンガに所属していて、まじめに修行している弟子を指します。

三番目に挙げたのは、「道を生きる者」です。**気配りができ、自身の心を制御し、良く説かれた法によって生きる人**としています。これは私たちのように在家で仏教の教えを実行しようとしている人々のことを指しています。

そして、最後は「道を汚す者」です。よくやっているフリをして、傲慢で、仏門を汚し、でしゃばり、ずる賢く、遠慮がなく、ホラを吹き、いかにもやっていますと偽る人だとしています。

この四つは現在の自分を判断する目安ともなっています。多くの人々はこのカテゴリーのうち「道を汚す者」と「道を生きる者」のちょうど中間地点に立っていると感じたのではないでしょうか。

少しでも上のステージに立てるように日々、本書で提案しているような仏教の実践をしていくことを心がけましょう。

第32話
「般若心経」の話——
「意外な効果」があります！

掲諦《ぎゃてい》掲諦《ぎゃてい》
波羅《はら》掲諦《ぎゃてい》
波羅《はら》僧《そう》掲諦《ぎゃてい》
菩提《ぼうじ》薩婆訶《そわか》

↓このお経が「多くの人から愛される」訳

意味がわかると「心が前向きになる」

これは有名な『般若心経《はんにゃしんぎょう》』から引用したものです。前後の部分も含めて現代語訳してみましょう。

この般若心経に書かれた言葉は、**あなたが抱えている苦しみをすべて除いてくれる**はずです。このことは真実であり、けっして偽りではありません。

それでは、あなたにもっとも効果のある呪文をお伝えしましょう。

「ぎゃてい、ぎゃてい」と唱えると、神々の世界へ行けるという。

「はらぎゃてい」と唱えると、より高次な世界へ行けるという。

「はらそうぎゃてい」と唱えると、絶対的な真理の世界へ行けるという。

「ぼうじそわか」と唱えれば、**あなたの心は光となって、多くの人々を照らし、この世に幸福をつくり出す**でしょう。

仏の言葉には私たちの心を開く鍵があることを記した般若心経。ここに大いなる心の可能性が示される。

ここに翻訳した文章は私自身の大胆な解釈を入れ、そもそものお経の意味を再現するために大幅に補足して訳し直したものです。

般若心経はとても有名ですが、意味を知らないという人は多いのではないかと思います。こうして意味を改めて知りますと、心が前向きに明るくなっていくような気持ちになりませんか？　みなさんは般若心経には**「ブッダの限りない功徳があるのだ」**という前提で、疑うことなく唱えていただきたいです。

とくに「掲諦掲諦　波羅掲諦　波羅僧掲諦　菩提薩婆訶」はもともと真言（真実の言葉）であり、言葉では表現できないほど深い世界が秘められていると考えられています。

忙しい方はこの部分だけでも、空いた時間に呟いてみてください。手帳やメモ帳などにこの真言の部分を書いておき、たまに眺めてみたり、唱えてみることをおすすめします。般若心経のエッセンスを日常に取り入れてみましょう。

人間関係・仕事関係「全部うまくいく」言葉

① 【仕事運】 敬意が「あなたの運気」を上げます

② 【祇園精舎《ぎおんしょうじゃ》】 いい結果が芽生える「仕事の種」

③ 【信頼関係】 恥ずかしがらず「もっと人に頼ってみる」

④ 【師を探す】 「人のいいところ」を真似る習慣

⑤ 【孤独に耐える】 「独りきりの時間」に人は磨かれます

⑥ 【心を磨く】 「人の長所」を短時間に見抜く法

⑦ 【気を配る】 人格を磨く最上の法

⑧ 【功徳《くどく》】 「お経」にふれてみよう

5章

「評価される人」
「信頼される人」になれる話

第33話

尊敬される人になる話——

「自分を律する」コツを覚えよう

酒は人を狂わせ、
だらしなくさせる。
愚者は酔っぱらって悪事を行なう。
この不幸のもとを絶つこと。

↓

「戒《かい》」を知るだけでも、効果大！

今日から「やってはならない・五つのこと」――五戒

仏教ではしてはいけないこと（戒）を五つ挙げています。

・不殺生戒《ふせっしょうかい》――生きとし生けるものを殺さない
・不偸盗戒《ふちゅうとうかい》――他人のものは盗んではいけない
・不邪婬戒《ふじゃいんかい》――不倫をしてはいけない
・不妄語戒《ふもうごかい》――嘘をつかない
・不飲酒戒《ふおんじゅかい》――お酒を飲まない

以上は基本的に一般の信者（在家）に説いたものです。この五つの戒を守るだけでも、私たちには**平穏な生活が訪れる**とブッダは説きました。この五戒は多くの人々が語っていますが、守ることが非常に難しいものです。

では不殺生戒を例にとってみてみましょう。ブッダはこの戒を守るために、インドの雨季（六〜九月）には雨安居《うあんご》といって、一箇所に定住生活をしていました。なぜ留まったのかと言いますと、この時期に旅をすることが困難だったということと、雨の日に歩くと、蛙などの小動物を踏みつけて殺生してしまうからです。

ひるがえってこのことを私たちにあてはめてみると、どうでしょう。蚊やゴキブリを見たとたん、すぐさま殺生する態勢に入ってしまっていませんか? 殺生することは良くないことだと思いながら、殺生している自分がいます。

このように、戒とはなかなか守ることが難しいものです。ですから、基本的には守れないものだと認識しつつも、**意識してみるだけでもいい**と思います。

この中で一番守りやすいのは不飲酒戒です。

と言いますのも、そもそもお酒を受けつけない人にとっては一〇〇パーセント守ることができます。しかし、一般的にはこれもほとんど守られていません。また、何だかんだ蘊蓄《うんちく》をたれながら堂々とこの戒をやぶっている人々がいることは嘆かわしいことでもあります。

五戒は単純明快ながら、意識して実行すると深い意味を感じます。それだけでも、私たちの人生において少しの進歩です。ですから、**五戒は日々意識するだけでも私たちの人生に大きく影響を与える**ものなのです。

心の平穏を保つためにもつねに五戒を口にしてみましょう。

第34話

品格を上げる話

「ブッダの姿勢」はなぜ美しかった？

ブッダは眼を下に向けて、
気をつけている。
この人は賤しい家の出身ではないようだ。

↓観想——「自分の心の中」をのぞいてみると？

「正しく座る」ことから始めましょう！

「眼を下に向ける」とは「地を這う虫などを踏みつけないように」気を配っていたということです。

このブッダの所作《しょさ》（振る舞い）を遠くから眺めていた王がいました。王はブッダの美しい身体の動きを見て、ブッダが何者なのかを知りたくなり、使者を遣わしました。ブッダが語った言葉に「身口意《しんくい》」というものがあります。「身体・言葉・心が絶えず合致していることが重要だ」という意味です。ブッダはこれらをつねに整えることに注力していたのです。

ブッダは、「身口意」を整える方法として「観想《かんそう》」を実行していました。立っている時、座っている時、歩いている時、食事をしている時、おしゃべりをしている時、笑っている時、泣いている時……あらゆる時に自分の心がどうなっているかをモニター（観察）するという方法です。

私たちの心が整っていれば、自然と身体も整い、言葉も整います。また、身体が整っていれば、心が整い、言葉も整います。そのような連関があることは、みなさんも実感されていることだと思います。

たとえば、武道を経験されている方は「型」の重要性を理解できることと思います。「型」にすべてがあり、その「型」を超えたところに奥義があります。しかし、「型」以外のところから「型」を超えることはありません。

ブッダの所作にも「型」というものがあったのだと思います。**人々を惹きつけてやまない「型」**があり、その「型」は「身口意」がそろったものだったのだと思います。

私たちもこのブッダの所作というものに倣《なら》ってみましょう。

たとえば、椅子に座る時に美しい姿勢で座れているか気をつけてみます。ポイントは座った時にどこにも力が偏っていない感覚があるかどうかです。背中が痛いとか、腰が気になるということがあれば、それがもっとも軽減するポジションを探してみましょう。そして、その時の心をモニターしてみます。美しく座れていると自覚した時に、「私は美しく座っている」と言葉を発してみてください。

いつもより、声の質が良くなっていることに気づくでしょう。このようなことをブッダは意識的に行なっていたのです。

「3つの仏」の違いを知っておこう!

釈迦如来《しゃかにょらい》

ブッダが「悟りを開いた姿」の象徴。永遠に私たちを救済してくれる仏です。

阿弥陀如来《あみだにょらい》

西方にあるとされる極楽浄土に住んでいる仏。私たちを光で照らし、導いてくれます。

薬師如来《やくしにょらい》

その名の通り「病苦を救ってくれる」如来。東方にある瑠璃光浄土に住んでいる仏。

愛染明王《あいぜんみょうおう》

愛欲を「大欲」という慈しみに変える仏。「恋愛の神様」としても人気が。

如来

王

◉ 如来って何?

「悟りを開いた」位の高い仏として、私たちを真理に導きます。

◉ 明王って何?

「如来の化身」。怒りの形相が特徴で、悪や災厄をねじ伏せます。

どんな「仏様」がいるの？

◉菩薩って何？
「悟りを求める修行者」として、私たち「衆生《しゅじょう》」を救ってくれます。

菩薩

観音菩薩《かんのんぼさつ》

「知恵の象徴」。般若心経に出てくる菩薩で、現世利益を叶えてくれます。

弥勒菩薩《みろくぼさつ》

「頬に右手をつき考えている様子」が特徴。ブッダの死後、仏になると約束された菩薩。

地蔵菩薩《じぞうぼさつ》

「大地の生命力」を象徴する菩薩。日本では「子供の神様」として祀られています。

明

不動明王《ふどうみょうおう》

大いなる怒りで災厄を除きます。「お不動さん」の愛称で親しまれています。

第35話

平常心が身につく話
つねに「最善の選択」が可能！

ブッダは苦行につぐ苦行の中で
自らを悟った。
「このように極度に痩せた身体では、
幸せが訪れることはない。
スジャータがつくってくれた
ミルク粥を食べよう」

↓スジャータ――「ミルク粥」がブッダを救った！

まずは心を「今・ここ」に集中！

苦行の極限の中で、ブッダは自分が取るべき選択を素直に実行します。それがミルク粥で栄養をとることでした。

自身の痩せた身体を見るまで、ブッダ本人も想像できなかったであろう選択です。ブッダは苦行につぐ苦行で悟ることができると思っていました。しかし、そこには何もなかったのです。そういった自分自身の思い込みから離れた時、ブッダの目にはミルク粥が映ったのです。

過去を断ち切り、未来をも断ち切った時、人間は思わぬ行動をとるものです。

この話は仏典でもとくに有名なものです。そのブッダの悟りをサポートしたのがスジャータという女性でした。

ブッダはこのミルク粥をそのまま食べるのではなく、四九個の団子にまるめて、一日一つずつ食べました。ブッダはまるで悟りをじっくり味わうように、慎重にそのミルク粥を味わったのです。

極限状態における選択は「今、何をなすべきか」です。それがブッダにとっては「食べる」ことでした。それも、ゆっくり、ゆっくり食べることを選択したのです。そして、食べることは瞑想そのものでした。

ブッダはゆっくり食べて味わい、味わいながら楽しみ、悟りそのものの中に入って行きました。苦行が苦しくてやめたわけではありません。過去と未来を絶ち切った時の選択として「食べた」のです。

ブッダは、**食べることがこれほど奥深いこと**だとは思っていなかったでしょう。それは苦行という無意味さが気づかせてくれたことでした。

そのようなことに思いをはせると、**私たちが犯す過ちや失敗も「今、ここ」ですべきことを教えてくれる**ものだということがわかります。

「今、ここ」に集中したいと思う時、禅語にはとても良い言葉があります。

前後際断《ぜんごさいだん》——過去と未来を断ち切ってしまえば、「今」しかありません。このように生きることができれば、正しい判断ができそうです。

第36話

自分をコントロールする話——
「感情に左右されない」心のテクニック

欲望は楽しみが少なく、
苦しみや悩みに満ちていた。
ただし、欲望を超えるものを
私はまだ見い出せなかった。

↓
「半分はあきらめる」を心の習慣に！

無欲——「心から欲望を消去する」法

苦しみの原因が、欲望にあることは誰もが気づいていることです。

しかし、欲望を抑えつけようと頑張ると、かえってその欲望の力は大きくなり、ますます苦しくなっていくものです。

たとえばダイエット。食べたい気持ちを抑えつけて食べないでいると、何かのきっかけでかえってたくさん食べてしまったりします。その結果、もっと太ってしまってさらに苦しむのです。

ブッダも私たちと同じような苦しみにもがいていました。

そこで「欲望以上のものは何か?」とブッダは考えたのです。

その答えを求めてブッダは出家します。すると、しだいに欲望を超えようとする気持ちはブッダの中でどんどんエスカレートしていきます。そして苦行につぐ苦行を敢行します。しかし、どんなに苦行を重ねても欲望を超える楽しみを見つけることができませんでした。その結果、ブッダの肉体はほぼ骨と皮だけになるほど衰弱してしまいました。

そこで、ブッダは「苦」が「欲望」を超えることはないという結論に至ったのです。

日本の禅僧・沢庵は、剣の道の中でブッダと同じように「欲望」の問題に直面しました。沢庵は厳しい剣と禅の修行の中で、「欲望」を超えるものは「無欲という欲望」であることを悟りました。どういうことかといいますと、相手を斬りたいという欲望を持たずに、自分の身体にまかせて剣を動かすという「無欲」の力を利用するということを悟ったのでした。

沢庵のいう無欲とは、心を鏡のような状態にすることです。沢庵は相手を斬ろうという思いが無意識のうちに相手に伝わると考えました。修行の中で高ぶる感情を抑え、心を鎮めることによって、**潜在意識を最大限に生かす身心の世界**を知ったのです。

ブッダが苦行をやめて、何ごとも極端にふれず、とらわれない世界で生きるというのも沢庵が達観した世界と同じです。

私たちも、苦しさを受け入れ、欲望を否定せず、今目の前にある問題に対して無欲でぶつかっていきましょう。私たちの心がまっすぐに問題解決に集中している時は、自然と「無欲」というモードに入っているものです。

第37話 「自分以上の力」が出る話——どうすれば「本番」に強くなる？

ブッダは船頭に尋ねた。
「この河を渡りたいのですが、
私にはお金がありません」
すると、船頭は答えた。
「あなたを乗せることはできません」
それを聞いたブッダは、
虚空《こくう》に飛び上がって、彼方の岸に達した。

↓あなたの心にある「阿頼耶識《あらやしき》」を使います！

奇跡を「本当に起こす」には？

この話をそのまま真剣にとる人は少ないと思います。ただ、ブッダがこのような超人的な力を持っていたと伝えるお話は、仏典の随所に見られます。

これはどの宗教でも同じで、キリストがパンをたくさんつくり出したり、けが人を癒したりして、人々から奇跡を起こしたと噂されたように、ブッダも道中で数々の奇跡を起こしては、人々を驚かせていたようです。

現代においても、ブッダと同様、**超人的な力を発揮している人々**はいます。たとえば、比叡山の千日回峰行《せんにちかいほうぎょう》を実行する僧たちは、昼夜休みなく山を駆け続けて、まるで超人のような生活をしています。

では、なぜこのようなことが可能なのでしょう？　そのことも、仏教は答えを用意しています。

仏教は「心」を中心とした教えです。少し専門的になりますが、心の深層には「阿頼耶識」という巨大な力を持つ蔵《くら》があると仏教では考えています。この「阿頼耶識」

は私たちがふだん意識できないほど深い場所に存在しています。「阿頼耶識」は心理学で言えば無意識にあたります。もし私たちがその場所にアクセスして、その巨大な力を操れるようになれば、「河を飛び越える」ということも可能なのかもしれません。

では、「阿頼耶識」にアクセスしていくにはどうすればよいのか? 具体的には、仏典を読誦したり、座禅を組んで瞑想したり、観想したりすることでしょう。

「阿頼耶識」というのは、仏教で考える一つの概念です。ある一つのモデルとして「**人間には奇跡を起こすことができる巨大な力が眠っている**」とイメージしておけば、私たちの意識がそのような深さまで到達するということは十分に考えられることです。

ブッダは、前述のような奇跡は、修行とは関係ないものだと多くの仏典で述べています。ただし、修行の深さが増して「阿頼耶識」に到達することができれば、私たちにも超人的な力が備わることは考えられることです。

第38話

人間的に成長する話

人は「最期の日」まで進歩します

世界を空《くう》なりと観よ。
そうすれば、
死を乗り越えることができるであろう。
このように世界を観る人に、
悪魔は取りつくことができない。

↓

「悟った後のブッダ」も迷った——人生、そういうもの

今日から「善いことの量」が急増！

これはみなさんもご存じの「空《くう》」という概念です。

ブッダが語った「空」は、後に大乗仏教で語られるような難しいものではありませんでした。

「空」（śūnya シューンヤ）はもともと「～を欠いている」また「ふくれあがって、内部がうつろな」という意味の言葉でした。そして、数学における「0《ゼロ》」にもなりました。ここではそのような意味として理解していただければよいと思います。

私たちはこのようなブッダの言葉を知って、すぐに「空」が実感できるわけではありません。ですから、現時点で「空」がわからなくても、それは普通であると考えてください。

悟りというものは、じつはいきなり悟るものではなく、**日常の中での小さな気づきが積み重なって「悟る」ことができる**のです。ですから、悟りは到達点ではなくあくまで通過点なのです。

ブッダはまず生老病死という真理に気づきました。その真理をもとにさまざまな修行を重ねて仏の道に辿り着きました。

そのブッダでさえ、「完全に悟った」後でも迷いました。「誰に最初に説法すればいいのか」という、一見些末なことで迷っているのです。「修行を完成した者」なのに迷うというのは非常におかしなことなのですが、仏教の世界では迷いというのは仏であっても起こることなのです。

おそらく、悟りの概念が一般的に言われていることとは違うためだと考えられます。そこが「神」とは異なる「仏」の特徴なのでしょう。

仏は神とは違って**つねに進化してステージを上がっていく**ことができます。そのように無限であることが、仏教のわかりにくさでもあり、魅力でもあるのです。

気づきを重ねていくと、ある段階で一つの悟りに達することができます。これで何が得られるのかと言いますと、小さな気づきを重ねるごとに、**どんどん良いことの量が増えてくる**ということです。つまり、功徳が増してきます。このことが実感できると、仏教というものを信じることができるようになるのです。

「評価される人」「信頼される人」になれる言葉

① 【五戒】　ちょっと「我慢してみる」習慣

② 【身口意】　いい「人生」はいい「姿勢」から

③ 【前後際断《ぜんごさいだん》】　「今・ここ」に意識を集中させる法

④ 【無欲を知る】　「ブレない自分」をつくってみよう

⑤ 【回峰行《かいほうぎょう》】　「ここ一番に強い人になる」コツ

⑥ 【空《くう》】　進歩する人、しない人「心」の違い

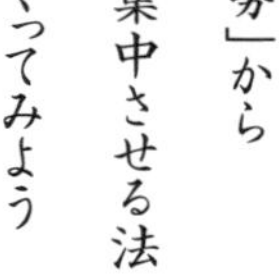

6章

今すぐ「身・心」がスッキリする話

第39話

体調を整える話

「瞑想」って意外に簡単！

私には信念があり、
努力があり、
智慧がある。
眼を開いて真理の中心にいる。
それなのに、お前はどうして
私の命について尋ねるのか？

↓悪魔が寄りつかない「ブッダの瞑想法」

「眼を半分ほど開ける」のがポイント

生涯にわたって、ブッダは悪魔（マーラ）たちと対話していました。悪魔は、ブッダが瞑想していると、しきりに語りかけ、ブッダの心を揺さぶろうとしてきます。冒頭の文章も、悪魔があの手この手を尽くしている場面です。その後、悪魔の揺さぶりはエスカレートしていき、お色気作戦でブッダの心を惑わそうとします。しかし、ブッダにはまるで効き目がありませんでした。

「眼を開いて」とありますが、仏教の瞑想では「眼は閉じず、半分ほど眼を開く」のが一般的です。諸説ありますが、なぜ眼を半分ほど開いているのかと言いますと、「眼を閉じる」と妄想しやすくなり、悪魔がやってくると考えているからです。

みなさんが瞑想をする時にも、姿勢を正して、眼をつぶらず、半分ほど眼を開いて、静かに瞑想することをおすすめします。

瞑想とは、「何もやらない」という表現行為です。「何もやらない」ということは「**ひたすら日常を忘れて、静かに過ごす**」ということです。

なるべく音や映像を消して、部屋を「沈黙の空間」にします。あえて座禅をする必要はありません。イスに座って姿勢を正して、「ひたすら日常を忘れて、静かに過ごす」ようにします。

その際、先ほど述べたとおり「眼を半分ほど開いて」ください。視線の先は一、二メートル先くらいを見るとちょうど良い感じになります。

瞑想時間は、最初のうちは一分間くらいがちょうど良いと思います。それを朝と夕に行なってみてください。

慣れてきたら時間を、二分、三分と延ばしていきます。この瞑想を続けていくと、心と身体がリラックスし、体調が整っていきます。

また、何よりも大事なことは続けることです。

瞑想は、一回行なっただけでは劇的な効果があるものではありません。しかし、続けていくうちに、思わぬ「気づき」を得ることができるでしょう。そして、**身心をリセットでき、すっきりとした気持ちで活動できる**ようになります。

第40話

仏像パワーを頂く話

あなたと「縁の深い仏様」は？

過去に正しく悟った人、
現在に悟りを完成した人、
未来に仏となった人、
多くの人々の憂いをなくす人
——彼らはすべて
「正しい法」を敬い、
慎ましい態度をとっていた。

↓
「自分の仏様にしっかり祈る」のが基本

あなたの生まれた年で「念持仏《ねんじぶつ》」がわかります

仏教では、ゴータマ・ブッダ（釈迦如来《しゃかにょらい》とも呼ばれます）以外にも複数の仏がいると考えられています。ブッダが現れる以前、つまり「過去」には六人の仏がいました。ゴータマ・ブッダは「現在」の仏です。そして弥勒菩薩《みろくぼさつ》は、「未来」に悟りを開くと予言されている仏で、未来仏とも呼ばれます。

このように仏教にはいろいろな仏様がいます。たとえば阿弥陀如来《あみだにょらい》や薬師如来《やくしにょらい》、観《かん》音菩薩《のんぼさつ》、不動明王《ふどうみょうおう》、愛染明王《あいぜんみょうおう》……と、挙げていったらきりがないほどです。

こんなにたくさんの仏様がいると、いったいどの仏様を拝めばいいのか？　と迷ってしまう方も多いのではないでしょうか。

私も、仏教に興味を持ち、お寺に通い始めた時に、どの仏様を信仰すればいいのか非常に迷いました。これはなかなか悩ましい問題です。しかし、この問題は**念持仏という考え方で解決**しました。念持仏とは、自分の生まれ年によって縁の深い仏を決め、礼拝する仏を身近に置いておくというものです。筆者は申年生まれなので大日如来が

あなたの仏様は誰？

干支	あなたの仏様	干支	あなたの仏様
子	観音《かんのん》菩薩	午	勢至《せいし》菩薩
丑、寅	虚空蔵《こくうぞう》菩薩	未、申	大日《だいにち》如来
卯	文殊《もんじゅ》菩薩	酉	不動《ふどう》明王
辰、巳	普賢《ふげん》菩薩	戌、亥	阿弥陀《あみだ》如来

念持仏になります。これはあくまで機械的に考えた場合のものです。

また、仏像などを見た瞬間、**「すてきだなぁ」と思ったら、その仏様があなたにとって縁の深い念持仏**かもしれません。これは、人によってかなり好みが分かれます。

たとえば、観音菩薩のような柔らかい感じの仏様に惹かれる人もいれば、不動明王のような激しく強い仏様に惹かれる人もいます。

お寺に行った時、直感的に「すてきだなぁ」と思う仏様を探してみてください。そうすると、自然と好きな仏様が決まってくると思います。そのようにして、あなたにとっての念持仏が決まると、拝む対象が決まってきます。

第41話 心が落ち着く話――

効果が「三分間」で出ます！

ブッダは
帝王のように見える。
この修行者は
バンダヴァ山の山窟《さんくつ》の中にいる。
まるで虎か牡牛《おうし》のように、
または獅子のように座している。

↓略式「座禅」でスッキリ！

心が「ライオンのように堂々」としてきます

座禅《ざぜん》というと、静かで穏やかなイメージがあります。ただ、ブッダの座禅は違います。積極的で、今にも動き出しそうな気配さえ感じる座り方。それがブッダの座禅です。

座禅の形は、右足を左腿にあげ、その上に左足を右腿に重ねる「結跏趺坐《けっかふざ》」が正式な座り方とされています。なぜ、結跏趺坐が正式なのかと言いますと、この足の組み方で座ることが**もっともリラックス効果がある**と考えられているからです。また、長時間座ってみるとわかるのですが、結跏趺坐がもっとも安定して座ることができるのです。これは身体の柔らかい方ならできる座り方ですが、ほとんどの方には難しく感じるかもしれません。

ブッダの最期を描いたものを「涅槃図《ねはんず》」と言います。

涅槃図では、死に際のブッダが右肘をついて足を交差して横たわっています。これは、単に穏やかに寝ているのではなく、ライオンのように、堂々とした姿をもって横たわっていたと考えられています。これも座禅の一種と言えるでしょう。

つまり、座禅というものは、形あるものではないのです。むしろ、**座禅に向かう、その人の心のあり方**がもっとも重要なのです。ただ、そうは言っても、座禅の基本や型はあります。ここで、簡単に**座禅の作法**というものをご紹介しておきましょう。

まずは、軽いストレッチをして体を痛めないように準備体操をします。そして座布団を用意します。座禅は腰に負担がかかりますので、どんな座布団でもいいので用意しましょう。次に座布団をお尻の下に敷いて、その上に背筋を伸ばして、「半跏趺坐《はんかふざ》」で座りましょう。半跏趺坐とは、右腿のうえに左足片方だけをのせる座り方です。その際に両膝が床についていることが理想です。うまく姿勢がつくれない場合は、胡座《あぐら》でかまいません。

足の組み方ができたら、手を法界定印《ほっかいじょういん》という結び方にします。これは右手を下にして左手を重ねます。両親指の先端を合わせ、正面から見てちょうど楕円形がつくられていればOKです。眼は半分開き、できるだけ何も考えないようにし、三分間静默してみましょう。はじめは、短時間で集中して座るのがよいでしょう。

第42話

気力が湧く話

――ブッダの「息吹《いぶき》」を体内に！

光を放った太陽のような、
十五夜の月のような、
目覚めた円満な人を、
アジタは見たのである。

↓「月と一体になるようなイメージ」で呼吸します

「月輪観《がちりんかん》」で心にパワーを充電！

修行者・アジタが見たブッダは、まるで力強い太陽のようでもあり、優しく柔らかい月のような人でした。このように、ブッダは太陽にも喩えられますが、月にもよく喩えられます。とくに大乗仏典以降の経典では、月はよくブッダの象徴として表されています。

仏教の瞑想法には座禅のように静黙して座り続ける「止」と、言葉やイメージの誘導によって心を落ち着かせる「観」という方法があり、この二つをあわせて「止観《しかん》」と言っています。ここでは「止観」のうち、「観」の瞑想法である「月輪観《がちりんかん》」の一部分を取り出してご紹介したいと思います。

座り方は、先にご紹介した座禅とまったく同じです。月輪観を始めるには、理想を言えば、月の形が描かれた専用の掛け軸が必要です。ほとんどの方が持っていないと思いますので、代用品をつくってみましょう。たとえば、左上のような図をA４用紙などで自作してください。

まずは、この月を壁などに貼ります。そして、「心地よい」と感じる「月」との距離を調整して座ります。そして、息をこのお月さまにあてるイメージで吐き出し、その息が月を通して、自分の頭頂から身体に吸い込まれていくようにイメージします。

呼吸は自然呼吸でかまいません。とにかく月と一体となるようなイメージで呼吸をしてみるのです。そして、今度は、自分の足元から息を吐いているようなイメージで、吐き出します。その息がお月さまに到達したら、再び月から頭頂に空気が取り込まれるようにイメージします。これを七回ほど繰り返すと、徐々に**月と自分との一体感が生まれます**。

月の代用品

「月」は冒頭にあるようにブッダを象徴しているとも言えますし、「法」、真理（ダンマ）であると言えます。これを「エネルギー」そのものだとイメージしましょう。月のエネルギーと自身のエネルギーが交流し合っているとイメージすることで、日常生活から離れ、イメージの世界に埋没することができるのです。この瞑想は「疲れたなぁ」と思ったら、試してみてください。**必ずやパワーを充電してくれます**。

「ブッダの言葉」の意味を知っておこう!

【般若心経《はんにゃしんぎょう》】

「悩みを解消したい」時にお勧めのお経。「般若」とは「智慧」という意味で、「物事を一瞬で解決できる」技術のこと。智慧を授かるための秘密が詰まっています。

【法華経《ほけきょう》】

「幸福を引き寄せたい」時にお勧めのお経。「諸経の王」といわれ、数あるお経の中でも特に神聖視されています。ブッダの教えの真髄を味わえます。

【阿弥陀経《あみだきょう》】

「絶体絶命のピンチ」の時にお勧めのお経。阿弥陀如来とは、私たちの人生の「崖っぷちに現れる、光のような存在」で、極楽浄土に導いてくれる仏です。

どんな「お経」があるの？

左ページのお経は、ブッダ入滅100年後の紀元前3世紀後半頃にインドでまとめられた。また、右ページのお経は、紀元後1世紀～5世紀後半頃にかけてインドで成立した。

【ダンマパダ（法句経《ほっくきょう》）】

「怒り」「愛」「心」「自己」「悪」などについて、ブッダの格言が満載のお経。今の「自己啓発書」とも言える内容で、読むだけでご利益が得られます。

【スッタニパータ】

「心が折れそう」な時にお勧めのお経。ブッダの言葉を伝える最古の経典で、私たちが自立した人生を歩いていくためのヒントを与えてくれます。

【マーハ・パリニッパーナ・スッタンタ（大般涅槃経《だいはつねはんぎょう》）】

「人生の問題がすべて解決する」ありがたいお経。ブッダが80歳になった時の旅の記録で、仕事、心、人間関係、健康など、あらゆる秘訣が満載。

第43話

心から楽しくなる話

幸福になる「呼吸法」があります

バッディヤは森の中にいても、
樹の根もとにいても、
どこにいても、
感嘆の言葉を発していた。
「ああ、楽しい。ああ、楽しい」

↓
数息観《すそくかん》で「心を前向き」にしてみよう！

「ああ、楽しい」——この感覚をイメージするのがコツ！

ブッダが初めて説法をした時のこと。バッディヤという弟子がその場に居合わせていました。**ブッダの教えがあまりに心に響いた**ので、バッディヤは思わず「ああ、楽しい。ああ、楽しい」と感嘆したのです。

この**「ああ、楽しい」という感覚**が、仏教の修行では重要になってきます。なぜなら、修行が楽しくなければ続けられないからです。

それではこのバッディヤが感じた「ああ、楽しい」という感覚をイメージしながら、「数息観《すそくかん》」という呼吸法を実践してみましょう。

まずは姿勢を整えてください。座禅する必要はありません。椅子に座った姿勢でけっこうです。肩の力を抜きながらも背筋はピンと伸ばしましょう。顎を少し引いて、頭のてっぺんが天上から吊られているようにイメージします。

そのような体勢が整ったら、今度は腕はだらんとしながら掌を上に向け、やや大きめの卵を持っているとイメージしてみましょう。掌は自然と太腿の上に落ち着かせます。

次に呼吸を整えます。最初は呼吸を深くします。吐く息を通常よりも意識して長めに吐きます。吸って吐いての深呼吸を一〇回続けましょう。呼吸が深くなってきたら、また自然呼吸に戻し、今度は呼吸をするごとに「一つ」「二つ」「三つ」と数えていきます。この時、漢数字を頭の中に浮かべて、その数字と一体となるようなイメージがあると完璧です。

数息観は、簡単に心をリセットするだけでなく、心を前向きにしてくれる呼吸法です。「一つ」「二つ」と呼吸しているだけで「ああ、楽しい」という感覚になってきます。それは**心に平穏な世界が現れてくる**からです。

数息観はどこでもできるので、「苦しい」「不安だ」という思いに駆られたら、すぐに実行してみてください。

「一つ」「二つ」「三つ」と数え、漢数字と一体となることで、**あなたの心の中に巣食ったマイナスイメージを払拭《ふっしょく》する効果**があります。

第44話　健康を維持する話——「ブッダの歩き方」を真似しよう

「チャンナよ。
おまえは私の装身具とカンタカとを連れて、戻りなさい。私は出家したいのだ」
「王子さま、私も出家したいのです」
「お前が出家することは認められない。お前は王宮に戻りなさい」

↓

「歩禅《ほぜん》」で心身をリフレッシュ！

「一二三」「一二三」のリズムで歩きましょう

ブッダは、その生涯を通じて旅をしていました。

それもインド北部のガンジス河沿いを何度も往復しています。**片道四〇〇キロメートル以上の道を歩き続けたブッダの体力**は並大抵のものではありません。

ここで登場するチャンナはできの悪い弟子で、ブッダは亡くなる直前まで気にかけていたほどです。ブッダの死後、チャンナは悟りに達して修行を完成させたと言われています。カンタカとはブッダの愛馬です。この馬の走力はブッダが出家する際、さまざまな障害を乗り越えるために、なくてはならない存在でした。

ブッダは途方もない距離を生涯歩き続けましたが、歩く際にも「瞑想をしていた」と考えられています。仏教の瞑想法は主に座禅です。しかし、禅というものはいろいろなバリエーションがあり、立って行なう立禅《りつぜん》、歩きながら行なう歩禅《ほぜん》というものがあります。

立禅は中国において発展しました。この禅は主に体力や胆力を鍛える方法として抜群の効果があります。私は、立禅の流れを引き継ぐ中国拳法を五年ほど習っていましたが、その効果はすさまじいものがありました。ただ立っているだけなのに、足腰や背筋が鍛えられ、全身の筋肉を有機的につなげ、流れるような滑らかな動きができるようになるのです。この立禅は、自己流でマスターすることは不可能で、師のもとで細かい指導を受けてはじめて身に付くものです。

それに比べて、歩きながら行なう歩禅は「数息観」を変形したバージョンで、比較的始めやすいと思います。

たとえば、歩きながら右足を「一」、左足を「二」、右足を「三」、左足を「一」、右足を「二」、左足を「三」というふうに数えながら歩きます。およそ五分から一〇分を目安に行なってください。すると、自然と身体・言葉・心が一致していきます。とくに、昨日あった嫌なことなどが頭から離れない時には、この方法がお勧めです。**モヤモヤした気持ちが、みるみる吹き飛んでいく**のが実感できるでしょう。

この歩禅は、ランニングなどのトレーニングの際に行なう「声出し」そのものです。みなさんも部活などで「一二三四、二二三四」などと掛け声をかけていた経験があると思いますが、それをもっと意識的に行なっているのが歩禅なのです。

第45話

幸福を実感できる話——

「感謝の言葉」が自然に出てきます！

第一に、最上の言葉を語りなさい。
第二に、正しい言葉を語りなさい。
第三に、愛のある言葉を語りなさい。
第四に、真実の言葉を語りなさい。
この四つの特徴を備えた言葉は、
仏の言葉であると知りなさい。

↓「南無＋（固有名詞）」を唱えよう

「まず自分から感謝する」の驚くべき効果

冒頭にご紹介した仏典には、「最上の」「正しい」「愛のある」「真実の」言葉が良い言葉だとされています。しかし、ブッダは、具体的にどのような言葉が良い言葉かを指し示すことはありませんでした。

良い言葉とは、私たちがふだん話す言葉ではないようです。文脈から考えると、仏の言葉こそ、「良い言葉」であると言えます。

つまり、**ブッダの言葉こそが「良い言葉」**だということです。そのように考えると、私たちにとって、ブッダの遺した言葉を読み、説き、唱えるということが「良い言葉」を口にし、実行するチャンスだと言えます。

ただし、単にブッダの言葉だけを唱えるのでは、日常生活に応用することができません。そこで、私たちが簡単に口にできる「良い言葉」を一つご紹介したいと思います。

それは「南無《なむ》」という言葉です。

この言葉は私たちにとってもっとも馴染みのあるものでしょう。「南無阿弥陀仏《なむあみだぶつ》」「南無釈迦如来《なむしゃかにょらい》」「南無妙法蓮華経《なむみょうほうれんげきょう》」といった言葉はみなさんも聞いたことがあると思います。

この**「南無」は、大変便利な言葉**なのです。「南無」は、

「〇〇を尊敬しお慕い申し上げます」
「〇〇にお仕えいたします」
「〇〇に敬意を払い、ご挨拶いたします」
「〇〇に日々感謝を申し上げます」

といったことを表現する時に使われます。たとえば念仏で唱える「南無阿弥陀仏」とは「阿弥陀如来を尊敬しお慕い申し上げます」という意味なのです。

私たちが日々生きていることに感謝する時、「南無＋名詞」を口にして「良い言葉」であふれさせましょう。**「良い言葉」は私たちに幸せを運んできてくれます**。

「南無＋感謝したい人の名前」「南無＋感謝したい会社の名前」「南無＋生きとし生けるもの」。応用は無限大です。さあ「南無」を日常語にしてみましょう。

第46話

不安がなくなる話

「心の中」を上手に掃除しよう――

欲望の対象はこれら五つである。
眼によって感受され、
耳によって感受され、
鼻によって感受され、
舌によって感受され、
身体によって感受され、
欲望をさそい、
情をそそるものである。

↓「入学式前の子どもの新鮮な心」が蘇ってくる！

「一分間黙想法」で邪念をシャットアウト！

人間の欲望は、「五根《ごこん》」（眼《げん》・耳《に》・鼻《び》・舌《ぜっ》・身《しん》）という「身体の感覚器官」によって起こります。ですから、ブッダは「自らの身体の感覚を信用せず、その感覚を捨てなさい」と言っています。

仏教では当初、「身体」は不浄の象徴とされていました。そして「心」がクローズアップされてきたのです。しかし、そうはいっても「身体」を抜きにしたら、「心」や「言葉」は成り立ちません。ですから「身体」「言葉」「心」という「身口意」がセットとして語られるようになったのです。

ブッダは、身体の感覚を座禅などの修行によって「捨て去る」ことを目指しました。この「捨て去る」という感覚は、座禅に集中して、**心が曇らないような状態にリセットする**ということです。仏典では、この状態を、「静かな鏡のような湖面」「光り輝く黄金」と喩えています。

日常生活の例で言えば、入学式前や入社前のように、フレッシュで真っ白な状態を修行によって獲得するというイメージが、「捨て去る」という感覚です。

とはいえ、このように身体の感覚を捨て去ることが、日常生活でできるのでしょうか？　それには「黙想」という方法があります。これは現代の日本仏教ではほとんど取り入れられていないと思いますが、**有効な方法の一つ**です。

「黙想」は目を閉じて行ないます。一般的に死者を弔う場合などで行なわれる方法です。時間は一分程度でかまいません。あまり長いと集中できませんし、眠ってしまったり、かえって邪念が入る人もいるでしょう。

たとえば、重要な方と会う前に心を静めるために黙想することをおすすめします。頭の中はなるべく真っ白にするようにしてください。

この一分間の黙想を生活の中に取り入れるだけで、五根によってよけいな情報を得る機会も遮断されます。そして、**忙しさでいっぱいになっている自身の心をリセットできます**。

黙想を実践してその効果を実感してみましょう。

今すぐ「身・心」がスッキリする言葉

①【瞑想】「身心をリセットする」を習慣にしよう
②【念持仏《ねんじぶつ》】「仏像の拝み方」を知っておこう
③【座禅】ブッダが考えた「心の健康法」
④【月輪観《がちりんかん》】「宇宙と一体になる」意識って？
⑤【数息観《すそくかん》】「嫌な気分」をすぐ消去するコツ
⑥【歩禅】「歩く人」ほど「健康な人」
⑦【感謝】言葉で「心」を磨いてみよう
⑧【黙想】「大事な人と会う五分前」に試してみよう

7
章

「いい生き方」が自然とできる話

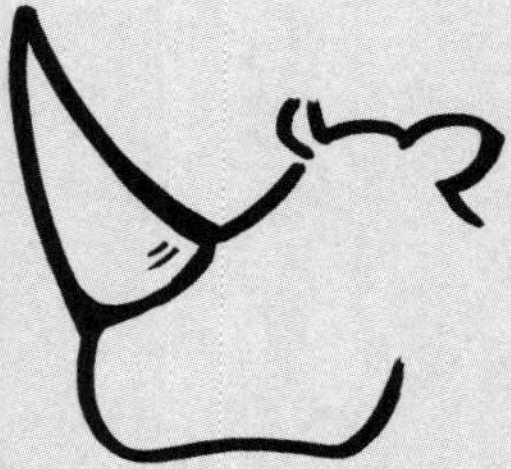

第47話

悪と無縁になる話——「よい人生」は「よい言葉」から

不殺生《ふせっしょう》　不偸盗《ふちゅうとう》
不邪淫《ふじゃいん》　不妄語《ふもうご》
不綺語《ふきご》　不悪口《ふあっく》
不両舌《ふりょうぜつ》　不慳貪《ふけんどん》
不瞋恚《ふしんに》　不邪見《ふじゃけん》

↓「十の悪」のうち四つは「言葉の悪」

「きれいな言葉」を使うと「きれいな人間」になる

これは「十善戒《じゅうぜんかい》」というものです。もともとブッダが言っていたことを総合して十にまとめたものです。

ブッダの弟子は、未来永劫、生きとし生けるものを殺さず、盗まず、淫らなことをせず、嘘を言わず、おべんちゃらを言わず、悪い言葉を発せず、二枚舌を使わず、貪《むさぼ》らず、怒らず、誤った見方をしない、ということです。

この十善戒を見て、あることに気づきませんでしたか？　不妄語・不綺語・不悪口・不両舌。言葉に関する戒が四つもあります！

つまり、十戒《じっかい》のうち四つも言葉に関するものが設定されているということは、人生の中でも大きなテーマであるという証拠です。ということは、**言葉を善いものに切り替えていけば、私たちの人生は豊かになる**と考えられるのです。

この戒とは、家訓や企業理念とほぼ同じと考えるとわかりやすいと思います。たとえば、みなさんの家の家訓で「食事中はテレビを見ないこと」というルールがあるとします。これと同じことを十戒として掲げていると考えてみてください。

しかし、先ほどの例の家訓のように具体的なシチュエーションを限定していないため、十善戒ははるかに厳しいおきてになっています。

たとえば、「不瞋恚《ふしんに》」とは「怒らないこと」という意味です。仏教では、どんな怒りも認められていないため、「愛をもって子どもを怒ること」でさえ、その戒を破ることになります。

このように、実際にやってみると、十善戒を守ることは不可能に思えてきます。ですが、この十の中からとくに自分にとって大きな問題であるテーマを選んで実行してみましょう。たとえ厳密には守ることができなくても、**戒を意識して行動してみるということが非常に大切**なのです。

もしみなさんが十善戒を実行するならば、たとえば「言葉」に関するものはいかがでしょうか。ちなみに私は、この中から「不悪口」をとくに意識して、「良い言葉」を口にする機会が増えるように、十善戒をお唱えすることにしています。

第48話

不幸と無縁になる話——「当たり前のこと」を当たり前にやる

神々に愛される王が言った。
組織が大きくなっていく要因は、
言葉をつつしむこと、
他者を非難しないこと、
温和な対応をすることである。

↓

「非難しない」「温和でいる」

国難を救った「名君アショーカ王」の教え

アショーカ王はブッダが亡くなってから一〇〇年ほど経って登場した人物です。インド全土をほぼ統一するほどの勢力を誇り、大王として君臨しました。仏教に篤く帰依しており、**その偉業は「言葉をつつしむこと」「他者を非難しないこと」「温和であること」という三つの戒を守ったことで達成されたと**言います。

アショーカ王は、仏教の教えを背景に非暴力と社会倫理に基づく政治を行ないました。ご紹介した言葉はそのことが端的に表されています。時代をつくった王の言葉ですから、なおいっそう重みを感じます。

「言葉をつつしむこと」「他者を非難しないこと」「温和であること」という三つの戒は、ごく当たり前のことを言っています。しかし、これを本気で実行するのは、実にたいへんなことです。

第47話の十善戒のところでも述べましたが、戒を守るということは思いのほか難しいことなのです。

ましてや、アショーカ王の時代は敵国と戦い、親族さえも殺し合うという修羅の世界でした。しかし、アショーカ王は自分が王として君臨するまでに行なった悪事を教訓にして、平和国家を目指しました。九九人の兄弟を殺したと言われるアショーカ王は、一転して菩薩の道を歩み始めたのです。

これは、私たち現代人が仕事をする時の三戒として設定してもいい言葉です。十善戒と比較すると、この三つなら守れそうな気がしませんか？

前述しましたが、戒というのは家訓や企業理念のようなものです。

ですから、この言葉を壁に貼ったり、持ち歩いて日々の教訓として使っていただきたいです。

仕事でつまずいた時は、アショーカ王の言葉を唱えてみましょう。

アショーカ王の言葉は、ブッダの言葉をアレンジして、実践的なレベルまで落とし込んでいるので、仏典に出てくる代表的な戒とはひと味違っています。在家の成功した君主（実践者）の言葉として、仕事の中で生かしてみてはいかがでしょうか。

第49話

夢が成就する話

——今日、心に情熱が芽生えます！

アーナンダよ、
お前は私に「ゴータマ・ブッダよ、
まだ生き続けてください」
と懇願することをしなかった。
もしお前がそのように願ったら、
二度は退けられるが、
三度目は受け入れられたはずである。

↓
「二度」失敗しても「三度目」に必ず成功する

あきらめるのは「仏様に失礼」です！

アーナンダは、十大弟子の一人です。「多聞第一《たもんだいいち》」と謳われるほどブッダのそばにいて、説法を聞いていた人です。たいへんすぐれた記憶力を持っていて、お経の原型は彼の記憶をもとにつくられたと言われています。このようにブッダの言葉を味わえるのは、アーナンダの存在がとても大きいのです。ですから、みなさん、「南無アーナンダ」と感謝しましょう！

さて、冒頭の言葉は、後代の僧たちによってブッダを神聖化するために付け加えられたものだと言われていますが、真実はわかりません。死を迎えようとするブッダに、アーナンダが何度も懇願すれば、ブッダは**二〇〇歳でも三〇〇歳でも生きることができた**、と言うのです。

しかし、この時、アーナンダには悪魔が取り憑いていて、茫然自失の状態だったのではないかと想像されます。ブッダの死を前にしてアーナンダは我を忘れていました。この我を忘れるというのは「無我」という意味ではなく、「心ここにあらず」という意味で、支離滅裂な状態だったということです。

「二度は退けられるが、三度目は受け入れられたはずである」というのは意味深な言葉です。なぜ三度懇願すればその願いが叶えられるのでしょうか?

おそらく、この三度という数には特別な意味はないと、私は考えています。この言葉の真意は、「もし本当に心から願っているならば、あきらめることなく仏にお願いしなさい」ということなのです。

このお話から学べる教訓は、自分が本当に実現したいと願っていることは、絶対にあきらめてはいけないということではないでしょうか。

「祈り」は願望を実現する方法としてパワフルなものです。「祈り」は「願い」よりも切実です。祈る人の心はその一点に集中するため、私たちに力を与えてくれます。

また「祈り」は、私たちが準備万端整えて、やるべきことをすべてやった後に行なう行為でもあります。ですから、宗教心のない人でも祈らない人はまずいません。

この「祈り」ですが、**よりパワーを生む方法**があります。それは愚直に「仏を信じきる」ということです。「仏の力に委ねてみよう」と思いながら祈ってみてください。

第50話

子が無事に成長する話——

ブッダの「育児・教育術」って?

父は息子であるブッダを見て
このように言った。
「愛する子よ、
これでお前を二度礼拝することになる」
そのように言って、息子を礼拝した。

↓尊敬の気持ちは「親が教える」のです

子どもの中に「自分にない長所」を探そう

ブッダは幼いころから普通の子どもとは違いました。

実の父親にさえも「尊敬」を抱かせてしまうような存在だったようです。「子を見て礼拝する」というのは普通ではあり得ないことです。しかし、ブッダと父との関係はかなり早い時期から、普通の親子関係というよりも師弟関係に近いものがあったようです。子が師となり、親が弟子となる、という不思議な関係です。

父・スッドーダナ王は息子が王位を継がないかもしれないことを察知し、なるべくブッダと外界との接触を避けるように気を配っていました。しかし、そんな父の気持ちを知ってか知らぬか、ブッダは二九歳になると、出家してしまいます。

スッドーダナ王は後継者を失いました。しかしある程度、このことは予想されたことだったのです。ブッダは釈迦国の国王よりも、**世界の帝王**として存在する必要があったからです。このことは、その後仏教が世界的な宗教になったことからも明らかです。そしてスッドーダナ王が幼いブッダに対して抱いていた尊敬心によって予感されていた、とも言えます。

親が子に対してこのような気持ちになれるということはすばらしいことです。しかし、ブッダという特別な子だったから、スッドーダナ王はこのような態度をとったのだ、と考えては真意からずれてしまいます。

現代の私たちは、人間に対して尊敬の思いを持つことを忘れてしまったのです。「物質」や「お金」というものが尊敬の対象に代わったといってもいいでしょう。ですから、私たちはまず誰かを心から敬意を持って祈ることからスタートしなければならないのです。

もし、あなたに子がいるならば、スッドーダナ王と同じように心からその子に対して尊敬の思いで接し、合掌してみてください。もちろん、拝む時にはその子に気づかれないようにしてください。そうでないと、おかしな親に見られてしまいます。

あなたに子がいない場合は、兄弟や親せきの子でもかまいません。そのような人々を対象に心から尊敬の気持ちで祈ってみるのです。あなたに**今までとは違うまったく新しい心が表れてくる**ことに驚くでしょう。

第51話

自信が生まれる話

「あなたの心」に仏様がいます──

自らを灯《あかり》とし、
自らを頼りとし、
ほかに頼ることなく生きなさい。

法を明《あかり》とし、
法を頼りとし、
ほかに頼ることなく生きなさい。

↓「自力」と「他力」を合わせよう

自灯明――「心の中の光」をイメージしてください

自らの灯とは「自力」と考えられます。そして、法の明とは「他力」と考えられます。この二つの力が照らし合わさった時、**私たちは力強く人生を歩むことができる**のです。これは「自灯明《じとうみょう》・法灯明《ほうとうみょう》」として知られる有名な言葉です。

仏教では、「仏とあなた」という一対一の関係が強調されます。仏はあなたの心の中に、そして法というダンマの中にいるのです。このことを実感するのにとても良い方法があります。

まず、「自分の心の中に仏がいる」とイメージします。仏とは本来実体のないものなので「光」としてイメージしてみてください。そして、もう一つ、月か太陽をイメージします。「その光の中にも自分がいる」とイメージしてみましょう。

これは観法《かんぽう》というもので、このようなイメージを朝晩や隙間時間などを利用して行なうと、「自灯明・法灯明」を実感できると思います。

この観法は短い時間で行なうほうが良いです。一分間以上はやらないでください。

そして、何か落ち着かない気持ちになったら、あなたの心に「光」をイメージして、**あなたと仏（念持仏など）が交信し合っている**イメージを持って実践してみましょう。その時に前述のブッダの言葉を唱えてみると、さらに良いでしょう。

現代の仏教が提唱している瞑想法は、型が決まり過ぎているのかもしれません。そのために日常の実践がしづらいように思えます。しかし、瞑想とは本来もっと自由なものです。

私はあるキリスト教宗派の瞑想に参加したことがあるのですが、そこでは思い思いのスタイルで瞑想を行なっていることに驚きました。うだなれているような恰好の人、ほぼ寝ているような人、聖書を読みながら行なっている人……。

ブッダの時代に行なっていた瞑想も、このような自由な姿ではなかったかと私は感じています。それはブッダが自由で型破りだったからです。「自灯明・法灯明」の実践は「自力」と「他力」という両輪を回し、**私たちの目の前にある問題を解決する力**になってくれるでしょう。

第52話

人生うまくいく話

「つとめ、はげめ」を行ないましょう

つとめ、はげめ。
善を行ないなさい。
正しく行なう者は、
いつの世でも、
平穏が訪れるであろう。

↓「何か一つ」を続ける功徳

「福徳は、もうあなたのそばに来ていますよ」

ブッダがことあるごとに強調していたことが前述の言葉に含まれています。とくに「つとめ、はげめ」という叱咤激励は、決まり文句として数々の仏典に登場してきます。「つとめ、はげめ」という言葉は「修行に邁進しなさい」という意味です。ブッダが何にもまして重要視していたのは日々の勤行だったのです。

私たちが仏教で行なう「行《ぎょう》」は、大きく分けて次の四つになります。

・布施をする
・禅定《ぜんじょう》をする（座禅など）
・経典《きょうてん》にふれる（読誦・写経など）
・礼拝する（仏法僧《ぶっぽうそう》を敬うなど）

これらをすべて満たすことは難しいので、この中からみなさんにとって一番興味のあるものや続けられるものを選ぶと良いと思います。

「続ける」ということは何よりもパワーになります。それは私自身が実践を通して感じていることです。「雨だれ石をうがつ」という中国のことわざがありますが、ブッダの言葉にもまったく同じ言葉が存在しています。

「私たちに福徳が来る時は、雨の水滴が一滴一滴たれて、石をうがつようなものです。ですから、まだ福徳が自身のところに来ないからといって、そこで修行を怠ってはいけません。もうすでに福徳はあなたのすぐそばまで来ています」

このようなブッダの言葉も残っていますから、私たちはあきらめないで「善い行ない」を実行していくように心がけたいものです。

ちなみに私が日々実行しているものは「合掌礼拝」です。朝晩なるべく欠かさず六方礼拝を行ない、**あらゆる人々に対して感謝の念をおくる**という意識で実践しています。それと同時に行なっているのがオリジナルでアレンジした「三戒」で、「一、怒らないこと。二、悪口を言わないこと。三、くじけないこと」と声に出して読み上げています。

みなさんも、日々続けられる行をほんの少しだけ日常生活に取り入れてみてください。

「いい生き方」が自然とできる言葉

①【十善戒《じゅうぜんかい》】

言葉で「あなたの人生」はもっと豊かになります

②【国難を生きる】

とにかく「人を非難しないこと」

③【三度目の正直】

「二回の失敗」など失敗ではありません

④【子を育てる】

「尊敬の気持ちを教える」のが親の役目

⑤【自灯明《じとうみょう》】

「自分の心の中に仏様がいる」と考えてください

⑥【福徳】

今日、新しいことを始めましょう

参考文献

・Suttanipata: The Group of Discourses (2nd ed.), K.R. Norman, trans. (Oxford: Pali Text Society, 2001).
・Maha-parinibbana Sutta: Last Days of the Buddha translated from the Pali by Sister Vajira & Francis Story 1998.
・『ゴータマ・ブッダ I』 中村元選集 第11巻 春秋社
・『こころを読む仏典』 中村元 NHK出版
・『ゴータマ・ブッダ』 早島鏡正 講談社
・『地球の歩き方 インド 2011～2012』 地球の歩き方編集室 ダイヤモンド社
・『岩波仏教辞典 第二版』 中村元 他 編 岩波書店
・『精選版 日本国語大辞典』 小学館国語辞典編集部 小学館

本文イラスト／村山宇希
編集協力／武藤郁子
本文ＤＴＰ／オーパスワン・ラボ

本書は、本文庫のために書き下ろされたものです。

川辺秀美（かわべ・ひでみ）
一九六八年横浜市生まれ。九二年立教大学文学部卒業。二〇〇八年出版社勤務を経て独立。高野山大学大学院修士課程密教学で学ぶ。その後、「日常生活で仏教を実践する」ことをテーマに執筆活動を展開。パーリ語、サンスクリット語などの多言語から仏典を検証。「仏教と国語力の復興こそ日本の復興につながる」との信念のもと、現代人にとって「すぐわかる、すぐ役立つ仏教」を提案している。
著書に、『空海　人生の言葉』（ディスカヴァー・トゥエンティワン）、『ブッダが最後に伝えたかったこと』（祥伝社）などがある。

知的生きかた文庫

ブッダと始《はじ》める
人生《じんせい》が全部《ぜんぶ》うまくいく話《はなし》

著　者　川辺《かわべ》秀美《ひでみ》
発行者　押鐘太陽
発行所　株式会社三笠書房
〒一〇二-〇〇七二　東京都千代田区飯田橋三-三-一
電話〇三-五二二六-五七三四〈営業部〉
　　〇三-五二二六-五七三一〈編集部〉
http://www.mikasashobo.co.jp
印刷　誠宏印刷
製本　若林製本工場

ISBN978-4-8379-8133-6 C0115

「知的生きかた文庫」の刊行にあたって

「人生、いかに生きるか」は、われわれにとって永遠の命題である。自分を大切にし、人間らしく生きよう、生きがいのある一生をおくろうとする者が、必ず心をくだく問題である。

小社はこれまで、古今東西の人生哲学の名著を数多く発掘、出版し、幸いにして好評を博してきた。創立以来五十余年の星霜を重ねることができたのも、一に読者の私どもへの厚い支援のたまものである。

このような無量の声援に対し、いよいよ出版人としての責務と使命を痛感し、さらに多くの読者の要望と期待にこたえられるよう、ここに「知的生きかた文庫」の発刊を決意するに至った。

わが国は自由主義国第二位の大国となり、経済の繁栄を謳歌する一方で、生活・文化は安易に流れる風潮にある。いま、個人の生きかた、生きかたの質が鋭く問われ、また真の生涯教育が大きく叫ばれるゆえんである。そしてまさに、良識ある読者に励まされて生まれた「知的生きかた文庫」こそ、この時代の要求を全うできるものと自負する。

本文庫は、読者の教養・知的成長に資するとともに、ビジネスや日常生活の現場で自己実現できるよう、手助けするものである。そして、そのためのゆたかな情報と資料を提供し、読者とともに考え、現在から未来を生きる勇気・自信を培おうとするものである。また、日々の暮らしに添える一服の清涼剤として、読書本来の楽しみを充分に味わっていただけるものも用意した。

良心的な企画・編集を第一に、本文庫を読者とともにあたたかく、また厳しく育ててゆきたいと思う。そして、これからを真剣に生きる人々の心の殿堂として発展、大成することを期したい。

一九八四年十月一日

押鐘冨士雄

知的生きかた文庫

疲れない体をつくる免疫力

安保 徹

免疫学の世界的権威・安保徹先生が、「疲れない体」をつくる生活習慣をわかりやすく解説。ちょっとした工夫で、免疫力が高まり、「病気にならない体」が手に入る！

40代からの「太らない体」のつくり方

満尾 正

「ポッコリお腹」の解消には激しい運動も厳しい食事制限も不要です！ 若返りホルモン「DHEA」の分泌が盛んになれば誰でも「脂肪が燃えやすい体」に。その方法を一挙公開！

1日1回 体を「温める」ともっと健康になる！

石原結實

体温が1度下がると、免疫力は30％落ちる！ この1日1回の「効果的な体の温め方」で、内臓も元気に、気になる症状や病気も治って、もっと健康になれる！

なぜ「粗食」が体にいいのか

帯津良一
幕内秀夫

なぜサラダは体に悪い？――野菜でなくドレッシングを食べているからです。おいしい＋簡単な「粗食」が、あなたを確実に健康にします！

もの忘れを90％防ぐ法

米山公啓

「どうも思い出せない」……そんなときに本書が効きます。もの忘れのカラクリから、生活習慣による防止法まで。簡単にできる「頭」の長寿法！

C50138